U0113679

一说春秋 贰

Grain Rain

李明——著

一说春秋之

谷雨

中国社会科学出版社

图书在版编目（CIP）数据

一说春秋之谷雨/李明著 . —北京：中国社会科学出版社，2023.12
（一说春秋）
ISBN 978-7-5227-2068-5

Ⅰ.①一⋯ Ⅱ.①李⋯ Ⅲ.①中国历史—春秋时代—通俗读物
Ⅳ.①K225.09

中国国家版本馆 CIP 数据核字（2023）第 108051 号

出 版 人	赵剑英
责任编辑	黄　山
责任校对	贾宇峰
责任印制	李寡寡

出　　　版	中国社会科学出版社
社　　　址	北京鼓楼西大街甲 158 号
邮　　　编	100720
网　　　址	http：//www.csspw.cn
发 行 部	010-84083685
门 市 部	010-84029450
经　　　销	新华书店及其他书店

印　　　刷	北京明恒达印务有限公司
装　　　订	廊坊市广阳区广增装订厂
版　　　次	2023 年 12 月第 1 版
印　　　次	2023 年 12 月第 1 次印刷

开　　　本	650×960　1/16
印　　　张	20
插　　　页	2
字　　　数	330 千字
定　　　价	52.00 元

谨以此书献给所有热爱春秋以及将要爱上春秋的朋友们。

谷雨

谷雨，是农历二十四节气的第六个节气，时间在公历的4月19日至21日。这个时候，天气较暖，降雨量增加，有利于谷物播种生长。古人认为，『时雨乃降，五谷百果乃登』（《管子·四时》），所以把这个节气称为谷雨。本书内容始于郑国国君郑窹生去世后的公元前700年。这时候，王室权威衰落，诸侯混战，一片愁云惨雾。终于，齐国君齐小白横空出世，他团结诸侯，重建了秩序。齐小白的霸业就像是一场谷雨——谷雨一降，以霸主为核心的新秩序就开始苗壮成长，故本书命名为《谷雨》。

凡
例

● 本书结构

《春秋》为编年史，按年记录，所以本书每年为一章，每章前都列出年表，年表标出本年是公元前多少年、干支是什么，主要国家本年在位的国君、爵位、名字以及在位年数。如：

> 鲁侯息姑元年，己未，公元前 722 年，周王姬宜臼四十九年，晋侯郗二年，曲沃伯鳝十一年，卫侯完十三年，蔡侯考父二十八年，郑伯寤生二十二年，曹伯终生三十五年，齐侯禄父九年，宋公和七年，陈侯鲍二十三年，秦文公四十四年，楚王熊彻十九年，杞武公二十九年，许男弗十年。

每一年都根据本年情况编排所有出场人物的关系图。

每一年都提供二维码，使用微信扫描二维码可以在我们的公众号中收听本年相关的音频。

● 正篇之外

本书除了正篇内容以外，还包括一些特殊环节。

（1）番外：非正篇内容，但和正篇内容相关的背景知识及观点的介绍。

（2）回声：对听友、群友提出的《春秋》相关问题，所做的针对性的回复。

（3）考量：对具体条目不同观点取舍的说明。

（4）正音：对具体字读音的说明。

●《春秋经》

本书依据《春秋经》，将一年的史料分为若干条目，有经文的则在条目最前标注经文，如：

> 元年春，王正月。
>
> 《春秋》开篇六个字，元年春、王、正月，虽然只有六个字，但我们要分成五点来讲……

对于需要说明的经文，则予以说明。如：

> 三月，公及邾仪父盟于蔑。「蔑」即姑蔑，《春秋经》记为「蔑」为避讳鲁息姑。

如果没有对应的经文，则会有模仿的经文，并以（）注明。如：

（城郎。）

● **原文引用**

《春秋》经常会引用《诗经》、《尚书》、谚语等内容，由于有些引用会和其他内容有关联，不适于直接翻译为白话文，所以会在保留原文的情况下，注明出处及示意白话文。所有引用使用『 』「 」标识，以示区别。如：

诗曰：『孝子不匮，永锡尔类』（《大雅·既醉》，孝子源源不绝，永远赐福给你的家族）。

此外，凡提诗即是指《诗经》，提书即是《尚书》，其他如《夏书》《商书》《周书》之类都是指《尚书》。

● **君子曰**

《春秋》除了记录的史实外，还包含对这些史实的评论。比如《左传》会使用"君子曰"来记录当时人对某件事情的看法，本书除保留"君子曰"这种形式外，还会根据不同需要摘录其他各家的观点。

● **人物称呼**

不同于一般的春秋故事，本书并没有采用谥号来称呼《春秋》的人物，因为谥号是死后才会有的称呼方式，本书依据《春秋经》的习惯，以他们活着时候的称呼方式来称呼他们。《春秋经》讲究称氏不称姓，所以本书采用"氏＋名"作为主要的称呼方式。比如：

郑国的第三任国君，一般被称为郑庄公，庄即他的谥号，而郑是他的氏，寤生则是他的名字，所以我们称呼他为郑寤生。

由于史料有限，部分无法确定名字的人则保留习惯的称呼，比如秦景公。另外，春秋时代女性多没有正式的名字，也只能保留习惯的称呼，比如文姜、武姜等。

● 日期的书写

《春秋》所用历法为周历，并非我们今天常用的公历或农历，所以本书的周历日期都用汉字书写予以标识，而牵涉公历的日期，则全部使用阿拉伯数字。如：

> 十月初一，日食。根据今日推算，本次日食是在公元前 695 年 10 月 10 日的日环食。

《春秋》使用天干地支记录日期，本书会将干支统统转化为日期，但有些干支可能因为经文有错而无法转换，则直接照录干支并提醒本月无此干支，例如：

> 八月庚辰（八月无庚辰），鲁息姑和戎人在唐结盟。

● 注音

《春秋》里有很多生僻字，本书在这些字第一次出现时，会用同音字予以注音，例如：

> 九月，纪国国君派卿大夫裂繻（音须）来迎娶。

● 《春秋》的书名号

春秋一词，含义非常宽泛，既代表春秋时代，也代表六经中春秋的整个体系，包括经传注疏等。六经中的春秋，严格来说并非一本具体的书籍，而六经春秋的源头鲁春秋更是无法确定的存在，所以如何加书名号其实是一个蛮头疼的问题。

为规范起见，本书提到《春秋》皆为泛称，泛指一经三传及春秋相关体系；提到具体经传，则会使用实际名称，如《春秋经》《左传》等；不加书名号的春秋即是指春秋时代。

● 人物关系图

本书会根据每一年的情况编排所有出场人物的关系图。

出场人物以实线框标识，未出场的关联人物用虚线框标识。

不同国家的人物会分别放置在各自的国家框内。人物的国家属性仅表示他的出生地，不会因叛逃或流亡国外而改变。

有关系的人物会用关系线连接，并注明关系。涉及多代人物的关系，大体会按照辈分从上到下的排列。国家间则优先放置相互有关系的国家，没有关系的国家尽量示意地理上的相对位置。

● **关于二维码**

　　《一说春秋》先有音频内容，然后才形成图书文字，所以我们在每个章节的开始，提供一个二维码，使用微信扫描二维码即可查看该章节对应的音频。

　　要注意的是，文字内容在音频基础上做了修订和增补，未必和音频完全一致，有冲突的部分应该以文字为准。

目 / 录

自

序

使用微信扫描以上二维码收听本章音频

春秋，是中国古代历史的一个时期，上承夏、商与西周，下启战国与秦、汉。春秋的开始和一位倾国倾城的美女有关，这位美女叫作褒姒。

当时中国大地的统治者是西周第十二任天王，叫作姬宫涅①。姬宫涅非常宠信褒姒。褒姒不爱笑，姬宫涅为让她开心，就点燃烽火。天下诸侯以为王室受到了攻击匆匆来援，狼狈的样子被褒姒看到，褒姒笑了。此后姬宫涅又多次点燃烽火，就为博美人一笑，这也就是我们常说的"烽火戏诸侯"②的故事了。

当然，故事讲到这里，还只是一个不爱江山爱美人的桥段而已。可是褒姒希望做王后，立她的儿子伯服当太子，姬宫涅就废掉了原来的王后，还要杀掉原太子姬宜臼，这个事儿就闹大了。

姬宜臼的母亲是申国人，姬宜臼为了逃避追杀就跑回了申国。申侯听说了事情原委，非常地愤怒，但是他知道，以申国的力量不足以挑战王室。于是，申侯联合周王朝的外敌犬戎攻打京师。姬宫涅点燃烽火召天下诸侯来援，可是大家都以为他在开玩笑，谁也没有来。结果京师被攻破，姬宫涅被杀，褒姒不知所踪。

接着，姬宜臼继承了王位，可是他身负弑父的嫌疑，无法在京师落足，就将都城向东迁，迁到了洛邑，也就是今天的洛阳。由此周王朝被分成了两段，东迁之前被称为西周，东迁之后被称为东周，而春秋时代也就由此开始了。

中国历史上有个规律，凡是在今天西安一代定都的王朝，比如说西汉、唐都是非常强悍的王朝，而在洛阳定都的王朝，相对来说就没有那么多的建树。西周定都在镐京，也就是今天西安附近，东迁到洛阳之后，王室的京畿大幅缩水，实力大减，加上姬宜臼本身名不正言不顺，本来受到王室压制的诸侯纷纷活跃起来，群雄逐鹿，霸主层出不穷。王室的权威也不断衰落，一直到姬宜臼东迁三百六十七年以后，赵、魏、韩三家分晋，他们以行动证明，只要有实力，根本不用在乎王室怎么想，战国时代也就拉开了帷幕。

那么，也就是王室开始衰落，但还有一定权威的时代，就是春秋了。

---

① 《史记》记作宫湦（音生），《世本》《国语集解》作宫涅，本书从后者。

② 烽火戏诸侯出自《史记·周本纪》，网络上有驳斥或认为是编造的说法，这些说法多是推理或个人观点，缺乏有力实证，所以本书从《史记》。

春秋之所以称为春秋，是因为有一本叫作《春秋》的书。这本书实际上是春秋时代鲁国的国史，放在今天，就相当于山东曲阜一带的地方志。《春秋》以鲁国的视角记录了鲁国十二位国君二百四五十年的历史。

当时各个诸侯国都有它们的国史，比如说，晋国的国史叫作《乘》，楚国的国史叫作《梼杌》（音桃物）。这些书在汉代就没有人见过了，大概是秦始皇焚书坑儒的时候都给烧掉了。晋国的国史有一部分零零碎碎地流传了下来，但已经完全失去了本来的面貌，于是有人把它汇编成册，另起了一个名字，叫作《竹书纪年》[①]。能够完整流传下来的只有鲁国的《春秋》，所以唯一的地方志就变成了中国史，而它所在的时代也就由它来命名。

我要说的春秋，就是《春秋》这本书。

《春秋》经过两千年的传播，各种研究的资料可以说是浩如烟海，一字一句的斟酌较真起来都够写几篇论文的，而以我知识积累，甚至阅读量来说，九牛未必能覆盖一毛，虽然顶着一说之名，仍然常感「战战兢兢，如临深渊，如履薄冰」（《诗经·小雅·小旻》）。

对于因为我学识有限，而可能对您造成的误导深表歉意，同时也请各位方家，多予勘误指导，非常感谢！

此外，要在此感谢为《一说春秋之谷雨》的编撰提供无私帮助的朋友们。感谢我们公众号的编辑李雪美同学，感谢帮助我们整理文字版的网友 @ 丁晓寒、@ 张志宏、@ 刘峰浩、@ 阿蛋、@ 不争、@ 李凯、@ 张剑、@ 鲍国民、@ 李军、@ 程菲、@ 王楠楠、@ 潘建英、@ 王鉴、@ 谢卫平、@ 黄大伟、@ 张广建、@ 煞泠、@ 如果当时、@ 谦牧等，感谢所有平台上的听友、群友们，正是你们不断地"拍砖"和鼓励，才让《一说春秋之谷雨》得以成书。

谢谢大家！

李明

2022 年 5 月 31 日成稿于北京

---

① 《竹书纪年》出自战国魏襄王墓，其内容包含夏、商、西周、春秋、战国各时代的记录，一般认为是由晋国及魏国史官记录，本书聚焦在春秋，所以称其为晋史。

二

鲁允

十二年

鲁侯允十二年，辛巳，公元前700年，周王姬林二十年，晋侯缗五年，曲沃伯称十六年，卫侯晋十九年，蔡侯封人十五年，郑伯突元年，曹伯射姑二年，齐侯禄父三十一年，宋公冯十年，陈侯跃七年，秦出子四年，楚王熊彻四十一年，杞靖公四年，许男郑十二年。

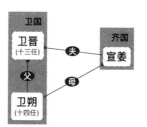

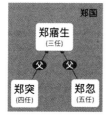

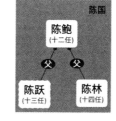

图1　鲁允十二年人物关系图

十有二年春，正月。

无事可记，《春秋经》照记「春正月」。

《春秋经》习惯把一年分成春、夏、秋、冬四季，即使一个季节没有大事发生，也不会忽略，还是会照记「春正月」「夏四月」「秋七月」「冬十月」。

夏，六月壬寅，公会杞侯、莒子盟于曲池。

最初，莒国和鲁国的关系并不好，鲁国先君鲁息姑趁着嫁女到纪国的机会，让纪国卿大夫裂繻出面，调停鲁国和莒国的关系，此后两个国家相安无事。杞国曾经在朝见鲁国时，对鲁国不敬，受到鲁国的讨伐。后来，杞国主动上门求和，平息了争端。由此，鲁国和杞国的关系也算还好。

但是，杞国和莒国的关系并不好，两个国家互相攻伐，至少也有十多年了。鲁国作为跟两个国家关系都还不错的国家，鲁允主动出面调解杞国和莒国的关系。

六月初二，鲁允和杞国国君、莒国国君会面，在曲池举行盟誓。

秋，七月丁亥，公会宋公、燕人，盟于谷丘。

七月十七，鲁允和宋国国君宋冯、南燕人会面，在谷丘举行盟誓。

八月壬辰，陈侯跃卒。

八月壬辰（八月无壬辰），陈国国君陈跃去世。陈国先君陈鲍的儿子，陈跃的弟弟陈林继任成为陈国国君。

公会宋公于虚。

鲁允和宋国国君宋冯在虚邑会面。

冬，十有一月，公会宋公于龟。

十一月，鲁允和宋国国君宋冯在龟邑会面。

丙戌，公会郑伯，盟于武父。

十一月十八，鲁允和郑国国君郑突会面，在武父举行盟誓。

丙戌，卫侯晋卒。

十一月十八，卫国国君卫晋去世。卫晋的儿子卫朔继位成为卫国的国君。

十有二月，及郑师伐宋。丁未，战于宋。

去年①，郑国国君郑寤生去世，整个国际大洗牌。

———————

① 去年，指公元前 701 年。本书每年开篇均附有年表，所有相对时间可参照当年的年表进行计算。

首先是郑寤生的儿子郑忽做了国君，屁股还没坐热，就被赶走了。宋国国君宋冯拥立郑寤生的另一个儿子郑突做国君。本来郑强宋弱，宋国对郑国亦步亦趋的局面，突然变成了宋强郑弱，郑国对宋国亦步亦趋。

紧接着，宋冯重新召集以前的小伙伴，要重组宋卫集团。鲁允的母亲仲子是宋国人，鲁允因为这层关系也开始向宋国靠拢。鲁国先是由大夫柔和宋冯盟誓，接着鲁允在夫钟、阚邑和宋冯两次会面。

到了今年，形势又发生了变化。被拥立为郑国国君的郑突和宋冯出现了嫌隙。宋冯拥立郑突可不是白拥立的，是谈了无数条件的。郑突做了国君，开始也是尽力满足宋冯。可是，宋冯贪得无厌，不断加码，让郑突不堪忍受。于是，郑国和宋国的关系变得非常微妙。

对于鲁国来说，宋国是婚姻之国又刚刚举行过盟誓，而郑国则是二十年的盟国。鲁允想借助跟两国的友好关系，像调停莒国、杞国那样调停宋国、郑国。他先是在谷丘和宋冯盟誓，当时还不确定宋冯的意向，劝告的说辞没能出口。此后，鲁允又在虚邑和龟邑两次和宋冯会面，劝宋冯罢手，与郑突友好相处。

没想到，宋冯不愿放弃向郑国索取财物，拒绝了鲁允的提议。宋冯的蛮横和不讲信义，伤了鲁允的心。本来，鲁国是倾向于宋国，而不想放弃郑国。可是，宋冯的决绝让鲁国彻底倒向郑国，由此有了鲁允和郑突在武父的盟誓。

十二月，鲁国和郑国联军攻打宋国。十二月初十，鲁、郑、宋三国军队在宋国境内交战。

君子曰："缺乏信义，盟誓就没有意义。《诗经》有云：「君子屡盟，乱是用长」（《诗经·小雅·巧言》，君子屡次结盟，动乱由此增长），说的就是没有信义。"

（楚伐绞。）

去年，郧国联合随国、绞国、州国、蓼国，想要攻打楚国，却被楚国击败。为了报复参与的国家，本年冬天，楚国攻入绞国。

楚军驻扎在绞都的南门。楚国莫敖屈瑕建议说："绞国弱小而且轻率，轻率就没有谋略。我们可以设个套让它们自己来钻。我建议，不要派人保护砍柴人，以便诱惑绞人。"

春秋时代打仗，正规军队出战，会有很多差役跟随。这些差役可能是从本国带来的，也可能是从沿途的居民点裹挟来的，他们负责军队行进中一些杂七杂八的事务，比如做饭、砍柴，除草、挖坑等。军中生火、喂马都需要柴草，所以有专门的一批差役负责砍柴。一般情况下，为了砍柴人的安全，军方会派人专门保护他们。屈瑕的建议就是撤去保护的人员，把砍柴人暴露在绞人面前，以诱惑绞人去追捕他们。

楚国国君熊彻同意了这项建议。

第二天，楚国的砍柴人又出来砍柴，被绞人发现。绞人一下俘虏了三十多人，举国震惊。俘虏敌人如此容易，让绞人争先恐后出城，漫山遍野找楚国的砍柴人，准备抓回来领赏。

楚军在山脚下安排了伏兵，又把大军转移到绞都的北门。跑去抓砍柴人的绞人，一到山下就遇见了楚国的伏兵，绞人大败。绞人知道楚军在南门驻扎，不敢往南门跑，就绕城跑向北门。到了北门才发现，楚军的大部队正在北门等着他们，最终，绞人全军覆没。

绞国损失了这么多的人手，不得不向楚国求和。楚国和绞国做了城下之盟，就撤军了。

城下之盟，在春秋时代等同于国家灭亡，这是绞国的奇耻大辱。可是，谁让它们轻率而缺乏谋略呢？做事情思虑太少，才会中人家的圈套吧。

十三年

鲁侯允十三年，壬午，公元前699年，周王姬林二十一年，晋侯缗六年，曲沃伯称十七年，卫侯朔元年，蔡侯封人十六年，郑伯突二年，曹伯射姑三年，齐侯禄父三十二年，宋公冯十一年，陈侯林元年，秦出子五年，楚王熊彻四十二年，杞靖公五年，许男郑十三年。

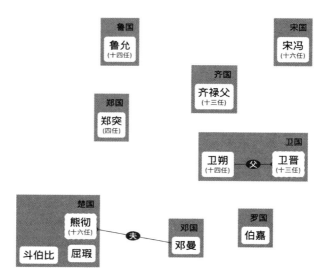

图2 鲁允十三年人物关系图

十有三年，春，二月，公会纪侯、郑伯。己巳，及齐侯、宋公、卫侯、燕人战，齐师、宋师、卫师、燕师败绩。

前年，郑突做了郑国国君。此后，宋冯不断向郑突索要贿赂，让郑突不堪承受。去年，鲁允出面调停没有成功，由此三个国家撕破脸，鲁国和郑国联合攻打了宋国。

二月，鲁允和纪国国君、郑国国君郑突会面，讨论宋国的事情。

对纪国来说，不论在什么时候就一个目的，如何才能摆脱齐国的威胁。这次鲁国、郑国拉大旗，准备和宋国对抗，纪国当然要过来凑堆儿，看看有没有机会让这两个国家帮助自己，摆脱齐国的威胁。对于鲁国、郑国来说，人越多声势越大，于是就接纳了纪国。

可是，这惹怒了齐国。齐国很早就将纪国看成自己的盘中餐，怎么能允许别人染指？任何国家，即使和纪国站在一起，也是不可接受的，所以齐国要敲打一下纪国。这时候，宋国刚刚被鲁国、郑国攻击过，正想要找机会反击，听说纪国竟然投靠了鲁国、郑国这一边，宋国自然要站在齐国这一边。宋国站过来了，卫国作为宋国的小跟班，自然也就跟过来。南燕国在去年跟宋国刚刚结盟，听说以后也过来凑份子。

于是，齐国索性联合宋国、卫国、南燕国组成四国联军攻打纪国。鲁国、郑国本来不牵涉纪国的事情，可是宋国既然参加了，两国自然不会放弃挫败宋国的机会。

二月初三，鲁允联合纪国国君、郑突组成三国联军，与齐国国君齐禄父、宋国国君宋冯、卫国国君卫朔、南燕人组成的四国联军交战，四国联军大败。《春秋经》没有记录交战的地点，是因为鲁军晚到的缘故。

论述起来，三国联军虽然有郑突这位了不起的将才，但齐国、宋国都是大国，卫国实力更在纪国之上，再联合南燕国组成的四国联军怎么会败得如此惨重呢？

对鲁国来说，参与这次战争是因为鲁国作为好心人，居中调节宋国、郑国的关系，没想到竟然被人羞辱，因此鲁国对宋国是很愤怒的。对郑国来说，郑国受到宋国不停的索贿，也对宋国非常愤怒。对纪国来说，纪国反抗齐国的侵吞，是为了保家卫国。这三个国家都有正当的理由。

再看四国联军，齐国是为了侵吞别人的领土，贪图别人的国家，这叫正当理由吗？宋国是为了索取更多的贿赂，这叫正当理由吗？卫国去年国君新丧，如今还没有下葬，新上来的卫朔地位本就不稳，却想着跟大家一起讨便宜，这叫正当理由吗？至于南燕国，更是完全不相干的国家，"打酱油"而已。

齐国、宋国、卫国、南燕国四个国家听起来声势浩大，但发动战争没有站在道义上，军心涣散，士气低落，被三国联军击败也就不足为奇了。

（楚杀其大夫屈瑕。）

本年春天，楚国莫敖屈瑕率军攻打罗国，楚国大夫斗伯比前去送行。回来的路上，斗伯比对他的车御说："我观莫敖趾高气扬，心神不定，此战必败。"一回到国都，斗伯比马上去见楚国国君熊彻，他对熊彻说："这次出兵好像有问题，请您一定要派兵增援莫敖。"

可是，熊彻当场拒绝。

斗伯比还是觉得不安，他又去找熊彻的夫人邓曼。这位邓曼和郑国国君郑寤生的夫人、郑国公子郑忽的母亲同名，两人都来自邓国，但不是一个人。斗伯比把他的担心告诉了邓曼。邓曼听了也很着急，她马上去见熊彻，对熊彻说："斗大夫让您派兵增援，并不是说军队的多寡，而是强调君王要以信义安抚民众，以道德告诫官员，以法律约束莫敖。莫敖陶醉在蒲骚之战的胜利中，刚愎自用，必然会轻视罗国。您如果不加镇抚，恐怕他不会设戒备。斗大夫一定是在说，您要训诫大众并好好地督察他们，召集官吏用美好的德行鼓励他们，召见莫敖告诉他上天不会宽恕他的过错。否则，以斗大夫的睿智，能不知道楚国的军队已经都派出去了吗？"

熊彻听了这一番话，立刻派赖人去追屈瑕，可是没有追上。

斗伯比曾经预测楚随之间的战争，可以说是料事如神。这一次又从屈瑕的举动，猜测屈瑕可能会战败，斗伯比毫无疑问是个智者。但是，他在劝诫熊彻的时候，并没有很好地考虑熊彻的立场和感受。莫敖出战，楚国大军已出，再派相当的援军去支援，楚国的军事力量就全派完了，楚国也就空了。但是，这个时候的楚国四面皆敌。哪个小国不想找机会咬它一口？所以，当熊彻听到还要派援军的时候，他不得不怀疑斗伯比的居心。这就是作为谋士的智者和作为决策者的君主看问题角度的不同。

邓曼则完全不同，她不再强调援军的数量，而是以治国之道来讲述斗伯比的建议，将斗伯比的建议侧重在国君监督臣子的角度来说，熊彻就容易接受多了。

熊彻虽然接受了邓曼的建议，派人去追屈瑕，但是仍然没有派出援军。由此可以想见，这个时候的熊彻，无论如何都不会再派援军了，他需要手中有足够的军队来应对突发的情况。

邓曼可以从不同的角度阐述同一个观点，最终让熊彻接受，由此可见她的政治手腕。西汉学者刘向将邓曼的事迹收录到他的大作《列女传》中，邓曼被归在《仁智篇》。《列女传》还借用诗经「曾是莫听，大命以倾」（《诗经·大雅·荡》，不听人言，天命倾覆）来称赞她。

再说屈瑕，屈瑕最大的荣耀莫过于蒲骚之战的胜利，但这次胜利为他带来荣耀的同时，也给他带来了别样的味道。试想一下当时的画面：

斗廉说："我们能打！"

屈瑕说："我们是不是要等待援军？"

斗廉说："我们不需要援军！"

屈瑕说："我们要不要再占卜一下看看能不能赢？"

斗廉又说："我们不用占卜！"

屈瑕在斗廉面前，是何其的懦弱。虽然获胜的功劳算在屈瑕头上，但分明是斗廉的谏言起了作用，这让屈瑕觉得耻辱。屈瑕希望证明，他不需要谏言一样可以战胜罗国，就像蒲骚之战不需要斗廉照样能赢一样。楚国大军还没有走到罗国，屈瑕就下达了命令："敢谏者斩！"

楚军抵达鄢水，开始分批渡河，可是次序混乱，完全没有戒备。渡河在古代是一件非常复杂的事情。古代战争主要靠的是行伍，靠的是队列和阵式，本来整整齐齐的楚军，一渡河就变得乱七八糟，精兵也就变成了乌合之众。

相反，对手罗国却已经做好了防备。早在去年，楚国攻打绞国，曾经在彭水分兵渡河。当时罗国就打算攻击楚军，还特意派大夫伯嘉去侦察，多次计算过楚军的人数。虽然因为各种原因，罗国最终没有动手，但是罗国对楚军的虚实非常清楚。当犹如一盘散沙的楚军进入罗国的时候，罗国早已经准备好了军队，还拉了卢戎作为他们的支援。

最终，楚军在罗国和卢戎两支军队的夹击下大败。屈瑕自知罪大，在荒谷自缢而亡。其他楚军将领自囚在冶父，派人通知熊彻，等待处罚。熊彻听说战败，自我检讨说："这次大败是寡人的过错。"接着，他赦免了所有将领。

其实轻敌、乱渡以致战败，不只是古代，放在近代也是一样的。

三月，葬卫宣公。

三月，卫国国君卫晋下葬。卫晋去年十一月去世，本年三月下葬，所谓「诸侯五月而葬」（《礼记·王制》），中规中矩。

卫晋本是流落国外的卫国公子，恰逢卫州吁之乱，使得他能在卫国国人一致支持下成为卫国的国君。卫晋在位十九年，对外实行的是游离于各方的政策。他最初跟随宋国和郑齐集团对抗，宋国被郑国压制后，就转而跟随郑齐行动。他也曾跟随王室讨伐郑国，转而又跟随郑国讨伐王畿的盟邑、向邑。他本来跟鲁国交好，转而又跟随郑国讨伐鲁国。虽然，卫晋在各方左右摇摆，却不被各国记恨，使得卫国成功地避免了各方力量的威胁。在国内方面，卫晋就太不光彩了。他强娶自己的儿媳妇，逼死旧妻，暗杀自己的儿子，导致两个儿子先后死亡。虽然卫晋去世的时候，他的儿子卫朔顺利继位，但卫国内乱的种子早已埋下。

或许卫人看重卫晋能受到各方借重的能力，依照谥法「圣善周闻曰宣」（《逸周书·谥法解》）为卫晋定谥号为宣，后世则称卫晋为卫宣公。

夏，大水。

本年夏天，鲁国发生了洪水。

秋，七月。

无事可记，《春秋经》照记「秋七月」。

冬，十月。

无事可记，《春秋经》照记「冬十月」。

十四年

鲁侯允十四年，癸未，公元前698年，周王姬林二十二年，晋侯缗七年，曲沃伯称十八年，卫侯朔二年，蔡侯封人十七年，郑伯突三年，曹伯射姑四年，齐侯禄父三十三年，宋公冯十二年，陈侯林二年，秦出子六年，楚王熊彻四十三年，杞靖公六年，许男郑十四年。

使用微信扫描以上二维码收听本章音频

图3　鲁允十四年人物关系图

十有四年春，正月，公会郑伯于曹。

最初，宋国国君宋冯拥立郑突做了郑国国君。宋冯自认为功劳很大，不停地向郑突索要贿赂，让郑突不堪承受。鲁允居中调停，让两边各退一步，没有成功。于是，郑、鲁、宋三国交恶。先是郑国、鲁国联合攻打了宋国。去年，郑国、鲁国、纪国三国联军又击败了齐国、宋国、卫国、南燕国的联军。经过两次战役，郑国和鲁国的关系重新拉近，郑突主动派人到鲁国来，要求和鲁国搞好关系。

正月，鲁允和郑突在曹国会面，曹人为会面提供便利，这是符合礼数的。按照当时的习惯，在曹国会面，鲁允和郑突要携带礼物送给曹国国君，表示"我们来打扰您了"，相应的曹国国君要设宴款待来访的客人，以尽地主之谊。

无冰。

二月，鲁国无冰可藏。

按照当时的习惯，每逢天寒地冻的时节，诸侯和大夫们会搞一些冰藏在冰室中，以备夏天解暑之用，这种举动被称为"藏冰之礼"。周历的二月是农历的腊月，应该正是寒冷的时候。可是，本年气候异常，春天来得早，二月天气已经暖和了，没有冰可以藏。

《春秋经》特意记录这件事情因为，气候异常在古人看来，往往是上天给的预兆。

夏五，郑伯使其弟语来盟。

五月，郑国国君郑突再次派他的同母弟弟郑语到鲁国聘问，重温两年前跟鲁国的武父之盟，以及今年春天在曹国的会面。由此可见，郑国现在非常需要鲁国这个盟友，以便抗衡宋国。

《春秋经》记作「夏五」，应该是缺字；称呼郑语为「其弟语」，是为彰显郑语尊贵的身份。《春秋经》凡称「弟」皆是指同母弟，所谓「天子、诸侯所亲者，唯长子、母弟耳」（《谷梁传·襄公三十年》，天子、诸侯亲近的人也就长子、同母弟弟而已），国君的同母弟弟可以说是他最亲近最信任的人了。

秋，八月壬申，御廪灾。乙亥，尝。

八月十五日，鲁国的御廪发生了火灾。

● 御廪 ●

廪是存放脱壳五谷的粮仓，御廪则是国君专用的粮仓。按照当时的习惯，国君每年要亲自耕种一块土地，国君夫人要亲自养蚕、取丝、编织衣服。国君耕地是为了提倡农事，提醒大家重视农业。当然，作为一个国家的最高统治者，所谓亲耕也就是做做样子，推推犁，撒撒种子，具体的事情还是由专人在专用的土地上进行。耕种出来的粮食，也不用来充饥，而是用来敬奉神灵。还是那句老话，国君的一举一动只能有两个目的，一个是端正法度，一个是敬奉神灵。

御廪存放的粮食都是用来敬奉神灵的，所以它还有另外一个名字叫作神仓，也就是专门为祖先和神灵准备的仓库。敬奉给祖先、神灵的东西一定是最好的，由此，就逐步引申出了御廪是存放国君宝物的仓库。

《春秋经》记录这次火灾为「灾」，「灾」字带一个火，只要提到「灾」，就是指火灾。当然，《春秋经》也会用「火」记录火灾。「灾」往往指的是天火，比如雷电、自燃或者莫名其妙的原因导致的火灾。如果是人为的，比如战争、动乱、纵火导致的称为「火」。

相对于「火」，古人更关心的是「灾」。他们认为这种莫名其妙、不知所因的火灾，很可能是上天降下的预兆。每当出现「灾」的时候，各级的头头脑脑、大人物们就会反省，是不是做错了什么事？上天降下预兆是在警示什么？

虽然如此，十五日的御廪火灾，并没有造成很大的伤害，也没有引起众人的恐慌。八月十八，鲁国照常举行了尝祭。

按照当时的习惯，每年秋收后要举行祭祀，将丰收的谷物进献给祖先，这就是尝祭。尝祭属于一年四次的例行祭祀，照例《春秋经》不做记录，但是这次尝祭发生在火灾之后，《春秋经》特意将两件事情都记录了下来，以表明前面的火灾并没有影响到后面的尝祭。

冬，十有二月丁巳，齐侯禄父卒。

十二月初二，齐国国君齐禄父去世，齐禄父的儿子齐诸儿继位成为齐国的国君。

宋人以齐人、蔡人、卫人、陈人伐郑。

宋国和郑国因为贿赂的问题两次交锋，都是以宋国的失败收场，这让宋国国君宋冯非常的愤怒。于是，他联合齐国、蔡国、卫国、陈国，五国伐郑。

一看这个阵容就会发现，郑国先君郑寤生死后这几年，在宋冯不断地运作之下，宋卫集团再次复活。宋国、卫国、陈国、蔡国就是当年四国伐郑的班底。齐国会加入进来，则是对郑国、鲁国联合纪国不满，即使国君新丧也没能阻止齐国出兵。

同样是五国伐郑，和郑寤生当年不同的是，郑国在郑寤去世后，政局一直不太稳定，防备非常地松弛，五国联军竟然焚烧了郑都的渠门，一直打到郑都城内的主干道。想当年，宋国被郑国攻入外城，被认为是奇耻大辱。这一次，联军竟然直接攻到了主干道，可以说郑国是被打得毫无还手之力。

联军紧接着又攻打郑都的东郊，占领了牛首，宋军还趁机大掠郑国的祖庙，将郑国祖庙大门上的户植带回了宋国，作为宋都卢门的户植，以示炫耀。

古代的大门关闭后，会在门后插一根直立的木棍，木棍上可以加锁，这根木棍就被称为户植。因为户植有锁门的意思，宋国抢走郑国祖庙的户植，言下之意就是，郑国对我们宋国来说就是无人之境，哪怕是像祖庙这么重要的地方，我们想什么时候来就什么时候来。

宋国用这个来羞辱郑国，以宣扬对郑战争的大胜。

十五年

鲁侯允十五年，甲申，公元前697年，周王姬林二十三年，晋侯缗八年，曲沃伯称十九年，卫侯朔三年，蔡侯封人十八年，郑伯突四年，曹伯射姑五年，齐侯诸儿元年，宋公冯十三年，陈侯林三年，秦武公元年，楚王熊彻四十四年，杞靖公七年，许男新臣元年。

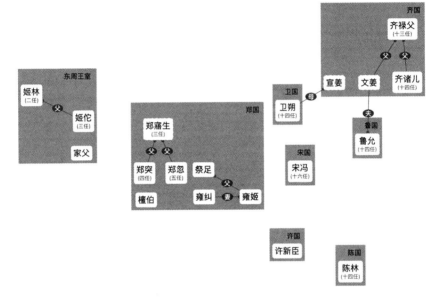

图4　鲁允十五年人物关系图

十有五年春，二月，天王使家父来求车。

二月，天王姬林派大夫家父到鲁国索取车辆。大概是姬林病重，自觉时日无多，又想死后能风光大葬，才派人到鲁国求取助丧用的车辆，这是不合礼数的。

首先，车辆服饰是上位人的赏赐，王室在上位，诸侯在下位，正常情况下，诸侯不可能进献车辆服饰给王室。诸侯对王室的贡奉有所谓九贡的说法，其中包括服贡，也就是服装的贡奉。即使是服贡，诸侯也只是进献制作服装的材料，不会进献成衣。于公，姬林要求鲁国向王室进献车辆，是不合礼数的。

其次，古人讲求「丧事无求」（《公羊传·隐公三年》）。办丧事的时候，别人愿意送什么东西就送什么东西，即使送的东西不合适，那也是别人失礼。作为治丧的人，怎么能主动要求别人送什么东西呢？这是不合适的。普通人尚且如此，何况是天王。于私，姬林要求鲁国向王室进献车辆，也是不合礼数的。

于公于私都不合理，但王室做这种事情已经不是第一次了。况且，王室能够索取的对象，在整个东部的诸侯里面，也就是郑国、鲁国这些同姓的国家。姬林跟郑国的关系太僵，郑国自然不会进献，能索取的对象也就鲁国而已。

三月乙未，天王崩。

三月十一，天王姬林驾崩，姬林的儿子姬佗继位，成为东周第三任天王。

夏，四月己巳，葬齐僖公。

四月十五，齐国国君齐禄父下葬。齐禄父去年十二月去世，今年四月下葬，所谓「诸侯五月而葬」（《礼记·王制》），算是中规中矩。

29

　　齐禄父在位的第十一年，与郑国国君郑寤生缔结石门之盟，由此进入《春秋》的记录。同样是由于郑寤生的牵线，齐禄父与郑国、鲁国结成郑齐集团。他先是组织瓦屋之盟调停郑寤生和宋卫集团的冲突，后来又跟随郑寤生伐宋、平许。

　　相对于中原的争霸，齐禄父更关心鲁国、纪国这样的周边国家。他和鲁国联姻，不断攻伐纪国，对纪国造成了非常大的威胁。

　　齐禄父在位三十三年，行动相对克制，遇事量力而行，不穷兵黩武。齐人依照谥法「有罚而还曰僖」（《逸周书·谥法解》）为齐禄父定谥号为僖，后世则称齐禄父为齐僖公。

五月，郑伯突出奔蔡。郑世子忽复归于郑。

　　最初，宋国国君宋冯凭借拥立郑国国君郑突有功，不断向郑国索取财物，导致宋郑关系恶化。去年，宋冯统合了原来宋卫集团的力量，再联合齐国，一起讨伐郑国，使郑国吃了大亏。郑突深感解决国外争端不是一个短期能够完成的任务，于是如何整合郑国内部就成了郑突更关心的问题。

　　郑突在国内面临的最大挑战是郑国大夫祭足。祭足本就是郑国的卿大夫，又在宋冯的支持下拥立了郑突，如今更是大权在握，这让郑突非常忧虑。

　　祭足的女婿雍纠出身宋国雍氏，和郑突的母亲同宗，颇受郑突信任。郑突找雍纠商量，要杀掉祭足。雍纠提议说："我们在郊外宴请祭足，埋伏好杀手。到时候席间动手，祭足人在郊外又能跑到哪里去？"郑突同意了雍纠的计划。

　　雍纠回家后把这件事情告诉了他的妻子雍姬。雍姬自然就是祭足的女儿了，雍是她丈夫的氏，姬是她的姓。

　　得知自己的丈夫要杀自己的父亲，雍姬觉得挺纠结，不知道该站哪一边。她问她的母亲："父亲和丈夫，谁亲？"

　　雍姬的母亲说："天下的男人都可以做丈夫，父亲却只有一个，你说谁亲？不能比的。"

　　雍姬一听这话，就明白了，她找到祭足说："雍纠宴请您，不设在室内却设在郊外，这个事儿挺蹊跷。"

祭足如此聪明的人，这一句话就把他点醒了。他派人把雍纠杀掉，弃尸在周氏的池塘里。这一下，整个郑国都知道了雍纠的事情。

郑突发现事情败露，心说："坏了，雍纠被祭足杀掉了，那也就意味着我们的图谋，祭足知道了。如果我还留在这里，搞不好，祭足下一个要杀的就是我。"于是郑突找了一辆大车，把雍纠的尸体放在车上，赶着车从郑国跑了出来。车子一边跑，郑突一边拍着雍纠的尸体说："你竟然跟妇人谋划这种事情，活该被杀。"五月，郑突流亡蔡国。

六月二十二，在卫国的郑国世子郑忽回国复位，再次成为郑国的国君。《春秋经》称呼郑忽为「世子」，皆因郑忽继位当年就流亡，没有改元算不上正式的国君。

许叔入于许。

最初，郑国发动三国平许，将许国吞并。郑国先君郑寤生将原许国国君许弗的弟弟许新臣安置在许都的东部，以便控制。如今，郑国外部受到宋国的压力，内部国君换来换去，国力衰退，对许国的控制自然无法维持。

本年夏天，许新臣正式进入许都，许国由此复国。

公会齐侯于艾。

许国复国，当年参与平许的国家就要开始嘀咕了。郑国现在正乱，管不了这些事情，剩下的鲁国、齐国决定要商量一下如何应对。

本年夏天，鲁允和齐国国君齐诸儿在艾邑会面，讨论许国的问题。

郳人、牟人、葛人来朝。

本年夏天，郳国、牟国、葛国三国国君来鲁国朝见。三国国小，又没有王室赐命，所以《春秋经》不称爵而称「人」。

鲁国毕竟是地区性大国，对小国有一定的震慑力，因此才会不断地有小国到鲁国朝见。尤其是郳国，鲁国对郳国就好像齐国对纪国一样，这让郳国对鲁国非常恐惧。

秋，九月，郑伯突入于栎。

九月，郑突策动栎邑人作乱，杀死了戍守的大夫檀伯，由此迁居到栎邑。

栎邑在郑都西南，是郑突做公子时候的封地，有一定的群众基础。郑突迁居这里，就是为了等待机会反攻。由此，郑国就分裂了，变成郑都、栎邑两个相互牵制的小政权。

冬，十有一月，公会宋公、卫侯、陈侯于袤，伐郑。

十一月，鲁允和宋国国君宋冯、卫国国君卫朔、陈国国君陈林在袤邑（音尺）会面，接着三国出兵联合讨伐郑国，要送郑突回国。

郑忽被赶走的时候，没见有人出声，郑突一被赶走，这么多国家都冒出来了。郑突有这么得人心吗？郑忽有这么不得人心吗？其实都是利益所在。

对鲁国来说，郑突不断巴结鲁国，跟鲁国友好，他和鲁国的关系是何其的近。郑忽却不待见鲁国，甚至还策动过对鲁国的战争。鲁允当然选郑突而不选郑忽。

对宋国来说，宋冯花了那么多的功夫，终于把郑突拥立上来。虽然因为索要贿赂的事情和郑突闹僵，但郑突下台就意味着之前所有投入都打水漂了，宋冯自然不会接受。

对卫国、陈国来说，它们本是宋卫集团的，都以宋国马首是瞻。宋国一行动，卫国、陈国自然跟着行动。

虽然集合了这么多的国家，但郑忽毕竟是郑国合法的继承人，再看不惯人家，人家有被支持的道理。联军最终没能攻克郑国，只好撤退。宋冯担心郑忽会对郑突的栎邑下手，特意提供军队支持郑突，帮助郑突防守栎邑，郑忽也就因此没有特意去攻打栎邑。由此，郑忽、郑突两股势力就形成了对峙的状态。

十六年

鲁侯允十六年，乙酉，公元前696年，周王姬佗元年，晋侯缗九年，曲沃伯称二十年，卫侯朔四年，蔡侯封人十九年，郑伯突五年，郑伯忽元年，曹伯射姑六年，齐侯诸儿二年，宋公冯十四年，陈侯林四年，秦武公二年，楚王熊彻四十五年，杞靖公八年，许男新臣二年。

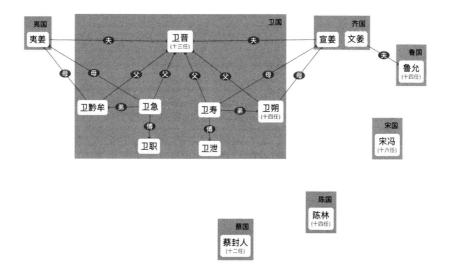

图5 鲁允十六年人物关系图

十有六年春，正月，公会宋公、蔡侯、卫侯于曹。

去年，郑国国君郑突从郑国流亡，郑国世子郑忽再次成为郑国国君。郑突随即占领栎邑，和郑忽对峙。接着，由宋国牵头，联合陈国、卫国、鲁国，四个国家一起讨伐郑国，希望把郑突送回郑国，但是没有成功。可是，宋国还是不愿善罢甘休。

正月，鲁允会合宋国国君宋冯、蔡国国君蔡封人、卫国国君卫朔在曹国会面，一起讨论郑国的问题。

夏，四月，公会宋公、卫侯、陈侯、蔡侯伐郑。

四月，鲁允会合宋国国君宋冯、卫国国君卫朔、陈国国君陈林、蔡国国君蔡封人，五个国家一起讨伐郑国。

看阵容，宋卫集团集体出动，再加上鲁国，有点儿当年五国伐郑的样子。联军虽然声势浩大，但打了半天，跟去年差不多，没有什么值得称道的战果。可见，郑忽回国后，地位还是比较牢靠的。郑忽本就是不世出的武将，一般的乌合之众，就算人多还真打不过他。

秋，七月，公至自伐郑。

七月，鲁允从伐郑回到鲁国，行饮至之礼，《春秋经》记作「至自伐郑」。

● 饮至之礼 ●

我们前面讲过，国君出门回来，先要祭告祖庙，这次出去有什么成绩，有什么过失，都要跟祖先、神灵汇报一下。接着，要拿出功劳簿看看，谁这次有功，谁有过。最后还要宴请群臣，论功行赏。这整个过程，被称为饮至之礼。

冬，城向。

本年冬天，鲁国派人修筑向邑的城墙。冬天是农闲时节，这个时候修筑城墙，不妨碍农事，合乎时宜，所以《春秋经》特别记录。

早在鲁国先君鲁息姑在位的第二年，有一个叫向姜的女子嫁去了莒国。向姜在莒国生活的不习惯，就私自返回了向国。当时，莒国还派兵杀入向国，把向姜抢回了莒国。那个时候，向国和莒国都是鲁国的邻国，两边一动刀枪，鲁国也很紧张。

从那一年到现在，二十五年过去了，向国变成了向邑，成了鲁国的地盘。

在今天我们一般人的印象里，鲁国是个守礼守到迂腐的国家，这种无声无息吞并别人国家的行为，似乎很难和印象中的鲁国挂上钩。明明史书也没有相关的记载，怎么突然一个国家就变成鲁国的地盘了？这叫"扮猪吃老虎"，外表看着挺和善，私底下却在捞大鱼。其实，春秋时代稍微大些的国家都是如此。我们现在能拿到的史料，毕竟太过简略，很多事情都遗漏了，我们也只能通过这些细枝末节去推断一个国家的行为处事。

十有一月，卫侯朔出奔齐。

最初，卫国公子卫晋和他父亲卫扬（十一任）的侍妾夷姜私通，生下了卫急。后来，卫国发生卫州吁之乱，卫晋得以回国继位，成为卫国的国君。他立夷姜为夫人，立卫急为世子，并且将卫急交托给卫国右公子卫职辅佐教导。等到卫急长大成人，卫晋又为卫急迎娶了齐国的女子为妻。

到这里，卫晋都是一个合格父亲的表现。他先给儿子定了世子的身份，让他名正言顺；又为儿子选立辅佐和教导的人，让他德才兼备；还为儿子迎娶了大国的媳妇，让他有大国作为靠山，地位更稳固。所有这一切都是他用心良苦为儿子做的各种最好的安排。

可是，当齐国女子被迎娶到卫国的时候，一切都变了。卫晋突然发现，他迎娶回来的儿媳妇太漂亮了，以至于让他都心动了。为了美女，卫晋的态度发生了大转变，儿子不顾了，一脚踹开，他自己娶了这位齐国女子。由此，这位嫁到卫国的齐国女子就被称为宣姜。宣姜是后世对她的称呼，因为齐国姓姜，宣姜的姜就是齐国的国姓；宣则是卫晋的谥号。这是用丈夫的谥号来称呼她，是卫晋死后才会有的称呼。还是那句老话，我们不知道她的名字是什么，只能用这个名字来称呼她。

卫晋娶了宣姜，为讨好她，特意在黄河边上新建了一座高台，让宣姜在高台上居住。卫人非常厌恶卫晋，特别作了一首诗来讽刺他。这首诗被选入《诗经·邶风》中，名字叫作《新台》。新台指的就是在黄河边上为宣姜新筑的高台。

宣姜为卫晋生了两个儿子，一个叫作卫寿，一个叫作卫朔。卫晋将卫寿交给左公子卫泄，由卫泄来辅佐教导他。

宣姜受宠，反过来就是夷姜失宠。宣姜、夷姜虽然都姓姜，但不是一个国家的人。宣姜是齐国的姜姓，夷姜则是夷人的姜姓。一边有大国的娘家，一边不过是附近的一个蛮族国家。不管是年龄、样貌、儿子、后台，夷姜都比不过宣姜。夷姜所拥有的只是最早和卫晋的那一段情感而已。俗话说「贵易交，富易妻」（《后汉书·宋弘传》），卫晋和夷姜有那么一段情感的时候，他还不是国君，如今他已经做了很多年的国君，那么早的一段感情，和年轻美貌的宣姜比起来，又算得了什么？夷姜不断受到宣姜的排挤，最后一时气不过，就上吊自杀了。

宣姜一看，夫人被自己搞掉了，下一个目标就转向了世子。她和卫朔两个人不断在卫晋面前说卫急的坏话。对卫晋来说，他抢了卫急的老婆，心中有愧，所以非常讨厌卫急。

这么说起来好像很矛盾，但的确是人之常情。我们经常会碰到这种情况，一个人对不起别人，心中有愧，却又缺乏勇气主动补偿别人，这个时候他往往会选择逃避。越是对别人有亏欠，就越会不惜一切代价地逃避。老死不相往来是一种逃避，希望对方死掉则是另外一种。似乎对方不在生活中出现，心中的愧疚也会跟着消失，当然，这只是一厢情愿的想法。真正有勇气的人，会面对心中的愧疚，勇于道歉，努力弥合这个遗憾，这是大智大勇的行为。但不是每个人都能做到这样，卫晋就做不到。

卫晋每次见到卫急，都会想到对不起他，这让卫晋没有办法忍受。于是，卫晋从本来对儿子有愧疚，逃避到了另一个反面，就是希望儿子死掉。更何况，卫晋又不断听到宣姜、卫朔挑唆的言语，他就像一个炸药桶，一时间怒不可遏，就设下了杀死卫急的圈套。

卫晋让卫急出使齐国，暗地里又派出刺客，打算在卫国通往齐国的交通要道莘邑杀死卫急。按照当时的习惯，出使别国，使者必然手持白旄统领整个使团。白旄是一种军旗，一根竹竿上面用牦牛的尾巴作装饰，非常显眼。卫晋对杀手说："执白旄的人就是你们的目标。"

卫寿听说了卫晋的计划，赶紧跑去找卫急。他对卫急说："不要拿着白旄去齐国。父亲已经决定要刺杀你，你拿着白旄去，必然在路上遇见刺客，那可就大事不妙了。"

卫急听到也没什么反应，只是说："拿着白旄出使齐国，是父亲的命令。如果连父亲的命令都不听，我又算什么儿子？卫国岂不成了无父无君的国家？"卫急还是要拿着白旄去齐国。

卫寿没想到卫急这么固执，他心生一计。卫急出使前，卫寿约卫急一块儿喝酒，为他送行，卫急没多想就跟着去了。卫急虽然不愿意逆父亲的意思，可是他心中也有气。他跟卫寿掏心掏肺，越喝越气，越气越喝，不自觉地就喝多了。

卫寿灌醉了卫急，就装成卫急拿着白旄出使齐国，路上果然遇到了卫晋的刺客。刺客哪里分得清卫寿还是卫急，一看是拿白旄旗的，上去就把卫寿给杀死了。

卫急酒醒后发现，卫寿不见了，白旄也没了，心说坏了，搞不好卫寿冒充自己去了齐国，很可能遭了刺客的毒手。卫急匆匆忙忙地跑到莘邑，发现卫寿已经被刺杀了。卫急非常着急，指着一帮刺客说："你们这帮人怎么干活的？

你们要杀的是我，我才是卫急。你们怎么把卫寿给杀了？想杀就杀我好了。"

刺客发现杀错了人，就把卫急也给杀了。

卫急、卫寿两兄弟不是同母所生，甚至他们母亲在争宠，在不停地斗争，可是两人兄弟情深，甚至争着去死。卫人怜悯他们，作了一首《二子乘舟》悼念他们，这首诗同样被收录在《诗经·邶风》之中。说起来，卫人非常喜欢作诗。卫扬娶庄姜为妻，大家觉得庄姜漂亮，就作了《硕人》。这次索性作了两首诗，《新台》和《二子乘舟》。后世说，郑卫之地有靡靡之音，就是说这两个国家喜欢充满情感的诗歌。当然，这是题外话。

卫急、卫寿被杀，只剩下卫朔。等到卫晋去世，卫朔继位做了国君，本年是卫朔在位的第四年。

当年，卫晋将卫急托付给右公子卫职辅佐，将卫寿托付给左公子卫泄辅佐，这两个人都有可能成为国君。卫职也好，卫泄也好，在他们身上下了非常多的功夫，谁知道平白无故两个人都被暗杀，由此，卫职、卫泄对卫朔非常怨恨。

十一月，卫职、卫泄发动政变，拥立卫急同母弟弟卫黔牟做了卫国的国君。卫朔在卫国待不下去，只好流亡齐国。齐国是卫朔的母亲宣姜的国家。

十七年

鲁侯允十七年，丙戌，公元前695年，周王姬佗二年，晋侯缗十年，曲沃伯称二十一年，卫侯朔五年，卫侯黔牟元年，蔡侯封人二十年，郑伯突六年，郑伯忽二年，曹伯射姑七年，齐侯诸儿三年，宋公冯十五年，陈侯林五年，秦武公三年，楚王熊彻四十六年，杞靖公九年，许男新臣三年。

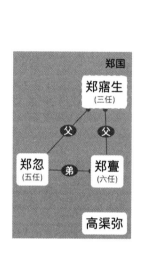

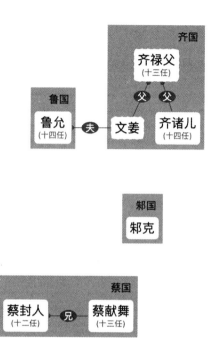

图6　鲁允十七年人物关系图

十有七年春，正月丙辰，公会齐侯、纪侯盟于黄。

　　齐国吞并纪国之心，由来已久。纪国为了防备齐国的野心，也是竭尽所能：积极促成和王室的联姻，在政治上影响齐国；又联合鲁国、郑国，在军事上对抗齐国，但都收效甚微。鲁国作为纪国的婚姻国，也被多次请求出面调停。鲁国不是不愿意调停，而是调停不了。

　　去年，情况发生了变化。卫国发生内乱，卫国国君卫朔流亡到齐国。卫朔是齐国国君齐诸儿的外甥，齐诸儿有心送卫朔回卫国，需要鲁国的支持。鲁允趁着这个机会，正好调停齐国和纪国的关系。

　　正月十三，鲁允和齐诸儿、纪国国君在黄邑举行盟誓。

二月丙午，公会邾仪父，盟于趡。

　　二月丙午（二月无丙午），鲁允和邾国国君邾克会面，并且在趡邑举行盟誓。这次盟誓是为了重温鲁国先君鲁息姑时代两国举行的蔑之盟。

　　《春秋经》称呼邾克为「邾仪父」，这是称字以示尊重。邾国没有周王室的赐命，不得称爵，蔑之盟就是称字，这次则是延续了蔑之盟的惯例。

夏，五月丙午，及齐师战于奚。

　　本年春天，鲁允为调停齐国、纪国，和齐国国君齐诸儿举行盟誓。谁知到了夏天，鲁齐边境上却因为某些事务发生冲突，齐军侵入鲁国的疆域。鲁国守备的官员拿捏不好轻重，只好向鲁允请示。

　　鲁允非常果决地说："作为边境的守备，你们的任务就是谨守边境，做好万全的准备以防不测。有敌人来，你们就迎头痛击，这还需要请示吗？打就行了，又不是我们主动找碴儿。"

五月初五，鲁国和齐国在奚邑交战。这个时候，鲁国和齐国实力相当，对齐国还有底气，鲁允的处理果断，立场也明确。

六月丁丑，蔡侯封人卒。

六月初六，蔡国国君蔡封人去世。在所有潜在的继承人当中，蔡封人年幼的弟弟蔡献舞口碑最好。于是，蔡国从陈国召回蔡献舞。

秋，八月，蔡季自陈归于蔡。

八月，蔡献舞从陈国回到蔡国，即位成为蔡国的国君。《春秋经》记录为「归于蔡」，所谓「诸侯纳之曰归」（《左传·成公十八年》，诸侯拥立称为归），可知蔡献舞即位，陈国有拥立之功。

癸巳，葬蔡桓侯。

八月二十三，蔡国已故国君蔡封人下葬。蔡封人六月去世，八月下葬，所谓「诸侯五月而葬」（《礼记·王制》），蔡封人三个月就下葬了，跟郑国先君郑寤生一样，赶了个时髦。

蔡封人在位二十年，《春秋》记录他的事情非常有限，我们只知道蔡人为他定谥号为桓，后世则称蔡封人为蔡桓侯。

及宋人、卫人伐邾。

最初，宋国打算讨伐邾国，顾虑到鲁国，于是先和鲁允通气，希望拉鲁国到自己这边。这个时候的宋国正强势，鲁允也拗不过宋国国君宋冯，考虑到鲁国的利益，就只能牺牲邾国。

本年秋天，鲁国和宋国、卫国联合讨伐邾国。

这真是一巴掌打在鲁允的脸上。二月，鲁允刚刚和邾国国君邾克举行盟誓，重温鲁息姑时代的蔑之盟，到了秋天，就开始讨伐邾国了，这不是出尔反尔吗？所谓「君子屡盟，乱是用长」（《诗经·小雅·巧言》）说的就是这个，不停地盟誓也阻止不了战争。

冬，十月朔，日有食之。

十月初一，日食。根据今天的推算，本次日食发生在公元前 695 年 10 月 10 日，是一次日环食。《春秋经》仅记录「十月朔」，没有记录天干地支，应该是负责官员的过失。

● "日官"和"日御" ●

按照当时的习惯，王室有日官，负责执掌天象，推算历法。日官就是太史，虽然太史不属于天子六卿之列，但是享受卿大夫待遇。王室的卿大夫类比诸侯，地位可想而知。王室还有日御，负责将日官推算出来的历法，在朝堂上分发给百官。诸侯也有日御，负责将王室日官推算的结果交给诸侯，并在诸侯的朝堂上分发给大夫们。由此，日官、日御就形成了历法的管理体系。

像这一次日食，记录缺乏天干地支，不是日官推算的时候遗漏了，就是日御分发的时候出现了问题，所以才说是负责官员的过失。

（郑高渠弥弑其君。）

两年前，郑国世子郑忽那位，成为郑国的国君。诸侯连续两次联军攻打郑国，都没有将郑国攻克，郑忽的地位逐渐稳固，也开始考郑国内部的事情。

所谓「大国三卿，次国二卿，小国一卿」（《礼记·王制》），郑国是侯伯之国，属于次国，国内有两个卿大夫，一个是祭足，另外一个是高渠弥，都是郑国先君郑寤生任命的。按说祭足跟郑忽的关系比较近。想当年，为郑寤生迎娶郑忽母亲的人，就是祭足；劝郑忽做齐国女婿的人，也是祭足；郑寤生去世后，一手拥立郑忽的人，仍是祭足；两年前，召郑忽回国即位的，还是祭足。但是，在宋国压力下拥立郑突，赶走郑忽的人同样是祭足。郑忽对祭足没办法完全信任——毕竟背叛过一次再想有信任，是非常难的事情。至于高渠弥，是郑忽很早以前就讨厌的人。郑寤生立高渠弥做卿大夫的时候，郑忽就坚决反对，两人是有嫌隙的。

郑忽做国君两年了，身边的重臣，要不就是讨厌的人，要不就是不可信任的人，而他也没有能力替换。郑忽这样一个年少气盛，又骄傲的人，怎么能忍受得了这个？他得想办法分化祭足和高渠弥。相对于祭足的不可信任，郑忽对高渠弥虽然讨厌，但没有解不开的仇恨。郑忽希望拉拢高渠弥对抗祭足，这叫作「两害相权取其轻」。由此，郑忽决定约高渠弥一起田猎，以拉近关系。

高渠弥一直都知道，郑忽非常讨厌自己。郑忽回国即位，让高渠弥非常害怕。高渠弥担心郑忽突然有一天会清算自己，如今，郑忽约他田猎，更是让他惊恐不安。

十月二十一，高渠弥和郑忽外出田猎，不知道发了什么疯，将郑忽射死在野外。

郑忽如此不世出的勇将，就这样莫名其妙地死掉了。想当年雄心大志，不依附于大国权威，善自为谋，自称富贵在己不由人，这样一个少年，在现实中搁浅沉船，不得不让人扼腕而叹。

郑忽死了，对郑国来说，更重要的是国君又没了。郑突还在栎邑虎视，主政郑国的祭足、高渠弥不敢把郑突再迎回国。毕竟，郑突在栎邑已经有了班底，他回国要是清算起来，祭足和高渠弥又怎么能承受得了？两人只好拥立郑忽的弟弟郑亹（音伟），做了郑国的国君。郑寤生幸好是儿子多，杀来杀去，还总有他的儿子能做郑国的国君。

十八年

鲁侯允十八年，丁亥，公元前694年，周王姬佗三年，晋侯缗十一年，曲沃伯称二十二年，卫侯朔六年，卫侯黔牟二年，蔡侯献舞元年，郑伯突七年，郑伯亹元年，曹伯射姑八年，齐侯诸儿四年，宋公冯十六年，陈侯林六年，秦武公四年，楚王熊彻四十七年，杞靖公十年，许男新臣四年。

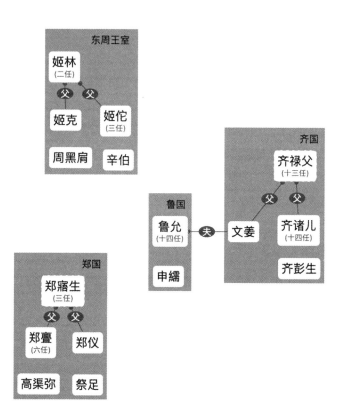

图7　鲁允十八年人物关系图

十有八年春，王正月，公会齐侯于泺。公与夫人遂如齐。

去年，鲁齐边境发生的意外冲突虽然不是两国国君策动，但牵扯到了两位国君。鲁允和齐国国君齐诸儿都希望见个面，弥合一下分歧，管控一下不可预测的危机。

本年春天，鲁允带着夫人文姜一同前往齐国。所谓「夫人无外交」。夫人嫁过来，父母在，还可以回国探视父母。父母不在，夫人基本就不会走出国门了。如今，文姜的父亲齐国先君齐禄父已经去世多年，她却要跟着鲁允跑去齐国，自然有人会反对。反对的人是鲁国大夫申繻。我们前面讲过申繻，鲁允为儿子鲁同起名，就是申繻提供的意见。

申繻说："女有家，男有室，不相互亵渎，这是礼数。不遵守的话，会造成困扰的。"

● 家室 ●

我们现在有个词叫做家室，一般用来泛指家庭。在古代，家和室是分开的两个词。古人前堂后室，堂是办公的地方，室是生活的地方。家则泛指居住的地方，包括堂和室。男主外，活动区域是整个家，女主内，活动区域在室，所以，女子有夫家，男子有妻室。申繻所说的礼数，是指古人将已婚男女隔离开，以防止发生一些不测的事情。放在后世的话，就是「女子不下堂，男子不入内堂」。

申繻认为文姜去齐国会引发问题，鲁允不听，鲁允有自己的想法。对鲁允来说，文姜是齐诸儿的姐妹，借助她能够提升弥合分歧的效果，何乐而不为？大夫考虑问题和国君考虑问题，往往不在一个层面上。

正月，鲁允和齐诸儿在泺邑会面。泺邑在泺水和济水的汇流处，泺水的源头就是今天山东济南七十二名泉之首，号称"天下第一泉"的趵突泉。两个国君一开春就跑到这种风景胜地会面，自然是相谈甚欢。于是，鲁允又带上文姜，跟着齐诸儿一起去了齐国的国都。

夏，四月丙子，公薨于齐。

鲁国夫人文姜未出阁时，就与她的兄长齐国国君齐诸儿有私情。文姜嫁去鲁国十五年，如今再和齐诸儿相见，旧情复燃，却被鲁允发现。鲁允非常愤怒，他当面指责文姜："鲁同不是我的儿子，恐怕是齐侯的儿子吧。"

兄妹有私情，放到现在叫乱伦，但在远古时代，男女之间的关系没有那么多的约束，即使兄妹婚配也屡见不鲜。周人讲究同姓不婚，兄妹婚配的情况就比较少了。但是，齐国的情况比较特殊。齐国在东夷之地立国，它的始祖姜尚奉行「简其礼，从其俗」（《史记·鲁周公世家》）的政策，尽量遵循当地人的风俗习惯，不强行套用周人的礼制。在同姓不婚方面，齐国遵守未必严谨，有兄妹乱伦发生并不奇怪。

鲁允愤怒，一方面是因为老婆给自己戴了"绿帽子"觉得不舒服，另一方面则是人怕联想。他把前前后后的事情一作联想，就可怕了。

鲁允首先想到的是已经死掉的郑国国君郑忽。想当年，齐国先君齐禄父曾经想把文姜许配给郑忽，郑忽拒绝了。鲁允现在一琢磨：为什么当时郑忽拒绝了？郑忽估计知道这件事情，他肯定看不上这种淫贱的人，别人看不上，自己却像宝一样接受，这让鲁允心里堵得慌。

鲁允再想，当年郑忽打败戎人，是鲁允负责各个国家的后勤物资供应。鲁允按照爵位的高低把郑国排在后面，自觉很公正。可是，郑忽非常愤怒，以至于几年后，还发动了一场对鲁国的战争。鲁允现在想：我公正地为你们分配，就算郑忽不满意，用得着那么愤怒吗？肯定又跟文姜有关系，是不是他觉得我是为了文姜故意给他"穿小鞋"，由此才导致了对鲁国的战争。

鲁允越想越生气，甚至怀疑到了鲁同，鲁同会不会是文姜和齐诸儿的儿子？春秋时代没有基因检测，自然容易让人瞎猜。以我们今天来看，鲁同出生在文姜嫁到鲁国的第三年，这三年里，我们没有看到《春秋》有文姜回齐国归省的记载。道理上说，鲁同应该是鲁允的儿子，鲁允肯定也知道。可是一时在气头上，什么话都说出来了。

鲁允的激烈反应把文姜吓得不轻。文姜向齐诸儿抱怨，也使齐诸儿憋了一肚子的邪火。由此，鲁允和齐诸儿在风景胜地构建的融洽气氛，突然变得尴尬无比。

四月初十，齐诸儿宴请鲁允。席间，鲁允喝得酩酊大醉，齐诸儿派齐国公子齐彭生去送鲁允。上车的时候，鲁允醉得连车都爬不上去，齐彭生就托着鲁允把他送上了车。马车一路踢踢踏踏到了鲁允的驻地，车御招呼鲁允下车，鲁允没有回应。车御上前仔细查看，发现鲁允已经去世了。

丁酉，公之丧至自齐。

五月初一，鲁允的灵柩回到鲁国，鲁国将此事祭告了祖庙。

鲁允去齐国的时候还是活生生的人，回来却变成了冷冰冰的尸体，鲁国自然不能善罢甘休。鲁国通告齐国国君齐诸儿说："寡君畏惧您的威严，不敢在家里闲坐，奔波千里跑去齐国，就是为了跟齐国重修旧好，弥合分歧。没想到，完成了礼数，人却没能回来。敝邑不敢追究齐国的责任，也不敢因为这件事情给齐国造成不好的影响。请贵国给我们一个交代，杀掉齐彭生。"

鲁允暴毙无可争议，但他到底是怎么死的，一经三传在记录上稍有区别。

《春秋经》说是「薨于齐」（《春秋经·桓公十八年》），《左传》说是「薨于车」（《左传·桓公十八年》），《谷梁传》也说「薨于齐」（《谷梁传·桓公十八年》），都是只提死得蹊跷，没有提谋杀的事情。当然，这或许只是为尊者避讳，不想把事情说得太白，未必真不知道是否有谋杀的存在。

《公羊传》则直白很多，它提到，齐诸儿授意齐彭生杀掉鲁允，齐彭生就在送鲁允上车时下了暗手。《史记》沿袭《公羊传》的说法，就把谋杀的事情坐实了。当然，我们也不能排除有一种可能性——鲁允知道自己被戴了"绿帽子"，心情不佳加上过量饮酒，引发心脏病死掉了。

不管鲁允是被齐彭生谋杀的，还是自己病死的，从齐国的立场来说，鲁允在齐国暴毙，齐诸儿还和鲁允的夫人有染，这是太大的丑闻。即使是为了息事宁人，齐彭生一样是替罪羔羊。所以，鲁国的通告传来，齐国马上反应，杀掉齐彭生以谢鲁国。

秋，七月（戊戌，齐人执郑伯，杀之）。

鲁允在齐国暴毙，齐国杀掉齐彭生向鲁国谢罪，这俨然已经成了齐国国君齐诸儿的一大丑闻。齐诸儿想要扭转这件事情的不良影响，一盘算，手边儿能够称得上正义行动的事情，就是把他的外甥卫朔送回卫国，毕竟这在某种程度上可以说是为卫国拨乱反正。

本年秋天，齐诸儿驻军首止，观望卫国，希望可以发现卫国的破绽。首止是卫国的地盘，但靠近郑国，齐诸儿的驻军给郑国也带来了压力。毕竟现在的郑国正处在分裂状态，一边是在郑都的郑国国君郑亹，另一边是据守栎邑的郑突。

郑亹年轻的时候就和齐诸儿有嫌隙，两个人关系一直不好，郑亹担心齐诸儿介入郑国的纷争，就打算去见齐诸儿。

郑国大夫祭足反对说："国君和齐侯关系又不好，何必主动去见他呢？"

郑亹说："齐国是大国。如今，栎邑有郑突虎视眈眈。如果我不去，搞不好会让齐国有借口联合诸侯攻打我们。与其等着齐国大军前来，不如我们主动表示恭敬。齐侯未必会给我们坏脸色，就算齐侯有意为难，也没什么大不了的。只要能换来齐国不介入郑国的纷争，一切都是值得的。"

祭足不愿意去，又劝不动郑亹，就称病不出。郑亹以郑国卿大夫高渠弥做副手，一块去见齐诸儿。

七月初三，齐人杀死郑亹，车裂高渠弥。

齐诸儿驻军首止，是为了窥视卫国的破绽，更重要的是要掩盖自己的丑闻。卫国哪儿那么容易就有破绽？反倒是郑亹自己送上门，为齐诸儿掩盖丑闻提供了办法。

郑亹带去的高渠弥，曾经射死郑国国君郑忽，本就是弑君之臣。郑亹虽然是被祭足推立上台的，但他上台后没有处置高渠弥，轻则是认同高渠弥的行为，重则是指使高渠弥的幕后黑手。郑亹的到来，分明为齐诸儿送了一份大礼，齐诸儿杀掉两人，是为郑国拨乱反正。他可以借此宣扬自己的功德，掩盖之前的丑闻。

反过来想，如果郑亹不去的话，齐诸儿会联军讨伐郑国吗？其实是非常困难的。如今的齐诸儿丑闻缠身，他以什么来号召诸侯？送卫朔回国，无疑是目前对齐国最有利的事情，齐诸儿连号召诸侯攻陷卫国都做不到，又怎么能平白无故号召诸侯攻打郑国呢？所以，郑亹的考量根本就是杞人忧天，最后连命都丢掉了。

郑亹死了，郑国的国君又没了。好在祭足对这种事情已经驾轻就熟，他立马从陈国把郑国先君郑寤生的另外一个儿子郑仪迎回郑国，拥立郑仪做了郑国的国君。郑国又换了国君，但在郑国执掌大权的还是祭足。有人评论说："祭足这个人了不起，真是神机妙算。他不让国君去，国君去了就被杀。祭足称病没去，如今仍然是郑国的首席大臣。"

祭足听说之后，一点儿都没谦虚地说："的确如此。"

我们要说，祭足神机妙算，可不只是这件事情。想当年，齐国先君齐禄父想把女儿嫁给郑忽。郑忽没同意，祭足劝郑忽说："齐国是大国，没有齐国作为后盾，你的三个弟弟哪一个不能当国君？"

郑忽不听。郑寤生一死，郑忽做了郑国的国君，祭足借用宋国的力量，把郑忽赶走，改立了郑突做国君，这是郑忽的第一个弟弟。郑突密谋对付祭足，祭足又把郑突赶走，接郑忽回国做了国君。没想到，郑忽被高渠弥射杀，又是祭足迎立郑亹做了国君，这是郑忽的第二个弟弟。郑亹被齐诸儿所杀，又是祭足迎立郑仪做了国君，这是郑忽的第三个弟弟。

当年，祭足说，郑忽的三个弟弟哪个不能做国君？如今，真的是三个弟弟都做了国君，从这个角度上说，祭足不愧是神机妙算之人。

（天王杀其大夫周黑肩，王子克奔燕。）

最初，东周第二任天王姬林宠爱他的小儿子姬克，姬林虽然立了姬佗做太子，临终前又将姬克托付给王室大夫周黑肩。

这是中国历代王朝皇室最头疼的一个问题，明明继承人已经定好，可是老国君临要下台才突然发现继承人不是自己最喜欢的儿子，他喜欢的是年纪更小的，看起来更听话的幼子。于是，老国君会做一大堆的安排。最基础的是要保证幼子的生存，让他不被已经继位的长子消灭。其次，是想办法让幼子把长子干掉，自己做国君。这样的安排会有什么样的结果，往往取决于老国君托付的人。

姬林托孤的周黑肩是王室的周公，鲁国始祖姬旦的后人。想当年，姬林讨伐郑国，周黑肩就是统帅之一，深受姬林信任。周黑肩并没有辜负姬林的信任，接受托孤后，就一心想要拥立姬克做天王。

周黑肩的举动，被王室大夫辛伯看在眼里。辛伯劝周黑肩说："并后、匹嫡、两政、耦国，都是国家祸乱之源。"

并后指宠妾和王后并列。卫国的宣姜受宠，地位和夫人夷姜相同，导致夷姜自杀，世子卫急、公子卫寿被杀，连宣姜的儿子卫朔即位后也被驱逐。匹嫡是指庶子和嫡子匹敌。卫国庶子卫州吁受到国君宠信，所有待遇和世子匹敌，最终杀掉世子，造成卫州吁之乱。两政是指大夫和国君共同执掌朝政。郑国大夫祭足专权擅命，导致郑国国君走马灯一样轮换。耦国是指大城市和国都一样强大。郑国公子郑段的封地京邑建造超过规制，才有郑段偷袭郑都的事情。春秋时代自始至终强调的一套理论，就是要保证主干强大，枝叶弱小，让小宗没有办法和大宗抗衡，这样才能保证长幼有序。每一个人清楚自己的位置，就不会有非分之想。辛伯说的四种祸乱之源都是主次不分引发的灾难。

周黑肩当然明白辛伯的意思，但拥立姬克是姬林的意愿，周黑肩受姬林知遇之恩，不能没有表示。最终，周黑肩还是决定杀掉姬佗，拥立姬克做天王。

辛伯劝不动周黑肩，就偷偷地向姬佗打了小报告。由此，姬佗和辛伯联手杀掉了周黑肩。姬克在王室没有办法立足，流亡南燕国。

冬，十有二月己丑，葬我君桓公。

十二月二十七，鲁允下葬。鲁允四月去世，十二月下葬，历时九个月。所谓「诸侯五月而葬」（《礼记·王制》），时间短的三个月就下葬了，鲁允却花了九个月才下葬，最主要是因为鲁允暴毙在外。鲁允灵柩回到鲁国的时候，文姜正深陷丑闻危机之中，她躲在齐国，没有一起回来。一直到鲁允下葬，文姜都没有回来。鲁允的儿子鲁同，年方十二岁。可以说是国家多故，主君尚幼，只得缓葬。

鲁允在位十八年，是通过暗杀他的兄长鲁息姑实现权力交接，并不光彩，去世又莫名其妙地暴毙，显得很窝囊。但是，鲁允在位的十八年间，曾经调停过宋国的内乱，讨伐过杞国的不敬，攻打过宋国，击败过齐国，讨伐过郑国，调停过齐国和纪国的关系，调停过杞国和莒国的关系。此外，还有史书没有记载的，比如怀疑向国就是鲁允在位的时候吞并的。鲁允在位的十八年，实际上是小国向鲁国朝见，大国要拉鲁国盟会的氛围。鲁人按照谥法「辟土远服曰桓」（《逸周书·谥法解》）为鲁允定谥号为桓，后世则称鲁允为鲁桓公。

● 记录缺失？ ●

在这里，我们要讲一点题外话。

在鲁允的这十八年里面，《春秋经》经常是「春王正月」没事发生，有时候秋冬两季都可以无事可记，更有甚者连「秋七月」「冬十月」这样的记录都缺失。鲁息姑在位十一年，《春秋经》记录了72个条目，平均每年6.5条；鲁允在位十八年，《春秋经》记录了110条，平均每年只有6.1条。可以说，鲁允的这十八年就《春秋经》而论，记录最为简略，文献条目也最为缺乏。

我们要知道，古代的记录，越向前记录越简略，越向后记录越详细。鲁息姑时代事情记得比较少，是正常的。鲁允相对于鲁息姑靠后，他的记录反而简略，联想到鲁允对鲁国后世的影响，就更微妙了。孔子作《春秋》的时代，专权鲁国的三桓就是鲁允的后代。或许整理《春秋经》的过程中，有三桓介入其中，将很多关于鲁允的，在当时认为不好或者不名誉的记录，人为消除了。当然，这只是我们的臆想而已。

三

鲁同

元年

鲁侯同元年，戊子，公元前693年，周王姬佗四年，晋侯缗十二年，曲沃伯称二十三年，卫侯朔七年，卫侯黔牟三年，蔡侯献舞二年，郑伯突八年，郑伯仪元年，曹伯射姑九年，齐侯诸儿五年，宋公冯十七年，陈侯林七年，秦武公五年，楚王熊彻四十八年，杞靖公十一年，许男新臣五年。

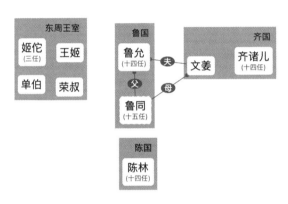

图1　鲁同元年人物关系图

元年春，王正月。

鲁国新君即位第一条，《春秋经》自有记录的习惯。

鲁国第十三任国君鲁息姑摄政称公，不是正式国君，《春秋经》记作「元年春，王正月」，没有「公即位」三个字。第十四任国君鲁允虽然通过暗杀鲁息姑上位，但他是鲁国正式的国君，《春秋经》就有「公即位」三个字。如今，到了第十五任国君鲁同的时代。鲁同是鲁允的儿子，继承了鲁允国君的位置，他是鲁国正式的国君。可是，鲁允暴毙在齐国，鲁同的母亲文姜又丑闻缠身，至今没有回到鲁国。鲁同年纪还小，只有十三岁，即位相关的仪式都有所欠缺，所以，《春秋经》没有「公即位」这三个字。

三月，夫人孙于齐。

去年，鲁国先君鲁允跟夫人文姜一块儿去齐国。鲁允意外发现文姜和齐国国君齐诸儿有私情，他非常愤怒，与文姜发生了冲突，后来暴毙在齐国。此后，文姜就一直在齐国躲避丑闻，即使鲁允遗体被送回鲁国，文姜也没有跟着回来。

如今，文姜的儿子鲁同正式成为鲁国国君，文姜才悄悄回国。但是，她没有得到鲁人的谅解。三月，文姜被迫返回了齐国。

《春秋经》记作「孙于齐」。「孙」就是逊，退避的意思。「孙于齐」，就是流亡到齐国。文姜毕竟是前任国君的夫人，现任国君的母亲，《春秋经》稍微客气了一些，没有用「奔」而用了一个「孙」字，是为尊者避讳。

夏，单伯送王姬。

本年夏天，王室和齐国联姻。按照春秋时代的习惯，王室和诸侯尊卑有别，两方联姻，王室不会主婚，而是授权同姓国主婚。正常情况下，王室娶妻，由诸侯先将公室的女子送到王室的同姓国，再从同姓国送到京师去。王室要嫁女则正好相反，先将待嫁的王姬送到同姓国，再从同姓国转送到要出嫁的国家。

这次联姻由鲁国主婚，王室大夫单伯按照惯例将待嫁的王姬送到了鲁国。去年，鲁国先君鲁允在齐国暴毙，虽然齐国杀掉齐国公子齐彭生向鲁国谢罪，但鲁齐的恩怨并没有立即平息，这也让主婚的鲁国稍有尴尬。

秋，筑王姬之馆于外。

本年秋天，鲁国为王姬在城外修筑别馆，以示内外有别，这是符合礼数的。

王姬的身份比较特殊，让她住在鲁同的正寝，有点儿喧宾夺主；让她住在国君的别寝，她不是鲁同的妻妾嫔妃；让她住在公宫以外，显得规格太低，不合身份。最好的方式就是另筑别馆，专门为她修建符合身份的馆驿居住。不只王姬如此，天王出行，负责接待的诸侯往往也是修筑别馆，专门给天王居住，这是当时的习惯。

冬，十月乙亥，陈侯林卒。

十月十七，陈国国君陈林去世。

王使荣叔来锡桓公命。

本年冬天，天王姬佗派大夫荣叔到鲁国为鲁国先君鲁允赐命。《春秋经》

记作「锡桓公命」。桓是鲁允的谥号，桓公就是鲁允，「锡」就是赐，「锡桓公命」指的就是给鲁允赐命。

● 赐命 ●

最初，天王分封诸侯，会以命圭、命符作为凭证，将告诫和要求作为诰命，一并赐给诸侯，这就是赐命。诸侯世袭，新君继位，天王派人承认新君的地位，这也是赐命。给有特殊功绩的人以特殊的嘉奖，还是赐命。

前两种赐命在春秋时代已经非常少了，一方面是王室的权威在下降；另一方面则是封建世袭，所有国君都是世袭罔替，王室承认不承认并不会真正改变新君的地位，王室的赐命自然就流于形式。

王室赐命的嘉奖一共有九种，也被称为九锡或者九赐。九赐这个词，大家在中国历史中会经常看到。正常情况下，一个人只要得了九赐，接着就会谋朝篡位。比如，谋朝篡位的始祖、做政变起家的王莽得了九赐，就篡了西汉；曹操得了九赐，曹氏就篡了东汉；孙权得了九赐，就跟曹操一刀两断，自己称帝了；司马昭得了九赐，又篡了曹魏，依此往下，基本都是如此。

九赐代表的是九种不同的东西，由天子赏赐，供受赐者专用，具体包括车马、衣服、乐器、朱户、纳陛、虎贲、斧钺、弓矢、秬鬯（音距唱）。车马、衣服、乐器，都是日用的生活用具，可以让受赐者在生活细节上跟别人有所不同。朱户是红色的门，纳陛是特殊的台阶，得到这样赏赐，可以使受赐者在建筑规格上跟别人不一样。虎贲指的是卫士，表示受赐者可以在身边部署武装力量。斧钺、弓矢是兵器，表示受赐者拥有征伐的权利。秬是黑黍，鬯是香草，秬鬯是由黑黍、香草制成的酒，主要用于祭祀。赏赐秬鬯，一般还会配以玉质的勺子，可以让受赐者在祭祀时和别人有所不同。

总之，九样东西并非多么珍贵，只是一种特权，它可以让受赐者在方方面面和别人不同，以便向别人展示荣耀。因此，九赐的象征意义远大于现实意义，颁赐允许使用这些东西的诏令，比使用这些东西本身更有意义。所以，大家不会直说赐车马、赐衣服，而是统称为赐命，就是在强调诏令。

这一次，姬佗赐给鲁允的是服装，也就是在正常服装之外，加穿的特殊服装，以显示和其他诸侯的区别。鲁允去世已经超过一年，这次加赐的服装是追赐。

九赐虽然是王室的恩德，但正常应该有大功劳的人才可以受到颁赐。鲁允在位期间，虽然为鲁国增加了一些国家的权威，但对王室没有什么大功。况且，他通过谋杀上位，死得又窝里窝囊，实在不是王室彰显天恩浩荡的好选择。不过，姬佗的父亲姬林去世前，曾经向鲁允请求过车辆。这个请求并不合规矩，但是鲁允没有拒绝。如今，鲁允去世，姬佗特赐衣服给鲁允以示风光，恐怕是在投桃报李吧。

王姬归于齐。

夏天，王室把王姬送到鲁国。秋天，鲁国特意为王姬建筑了别馆。冬天，王姬顺利嫁去了齐国。虽然鲁齐之间有嫌隙，有鲁允暴毙的事件夹在其中，但鲁国还是依礼把仪式走完了，总算是不负王室所托。

齐师迁纪郱、鄑、郚。

三年前，卫国发生政变，卫国国君卫朔流亡齐国，受到齐国国君齐诸儿的庇护。齐诸儿为了送卫朔回国，寻求鲁国的支持。鲁国先君鲁允抓住机会，组织黄之盟，达成了齐国和纪国的和解。对齐国来说，灭亡纪国势在必行，可是碍于黄之盟，不得不搁置了几年。

去年，鲁允暴毙，齐诸儿丑闻缠身，齐国不好有所行动。今年，王姬下嫁齐国，由鲁国主婚，齐国只好继续耐心等待。终于，王姬进入齐都，齐国和鲁国的各种事务告一段落。齐国早已按捺不住，趁着冬天，出兵迁走了纪国郱邑（音瓶）、鄑邑（音赀）、郚邑（音吾）的民众，占领了这三个地方。

纪国作为一个小国，运作了这么久，终于借助鲁国的力量，与齐国达成和解。一口气还没喘两年，鲁允一死，所有一切的功夫，全都烟消云散。纪国的灭亡，已经在顷刻之间了。

二年

鲁侯同二年，己丑，公元前692年，周王姬佗五年，晋侯缗十三年，曲沃伯称二十四年，卫侯朔八年，卫侯黔牟四年，蔡侯献舞三年，郑伯突九年，郑伯仪二年，曹伯射姑十年，齐侯诸儿六年，宋公冯十八年，陈侯杵臼元年，秦武公六年，楚王熊彻四十九年，杞靖公十二年，许男新臣六年。

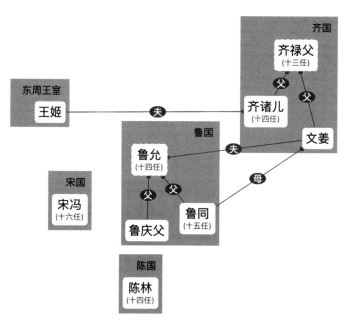

图2　鲁同二年人物关系图

二年春，王二月，葬陈庄公。

周历二月，陈国国君陈林下葬。陈林去年十月去世，本年二月下葬，所谓「诸侯五月而葬」（《礼记·王制》），算是中规中矩。

陈林在位七年，《春秋》记录他的事迹非常有限，我们仅知道陈人为陈林定谥号为庄，后世则称陈林为陈庄公。

夏，公子庆父帅师伐於余丘。

前年，鲁国先君鲁允暴毙，鲁允夫人文姜为避丑闻，一直在国外没有回来。鲁国国内一片混乱，连鲁同即位的仪式都没有走全。国君尚幼，缺乏可靠的人辅佐，正是鲁国最虚弱的时候。为了防止别人对鲁国有所图谋，鲁国决定主动扩张，并将目标选定为鲁国周边的小国於余丘。

本年夏天，鲁国公子鲁庆父率兵讨伐於余丘。

鲁同有三个同母弟弟——鲁庆父、鲁牙、鲁友，以鲁庆父年纪最大，是鲁同最亲近、最可信任的人。鲁庆父的出征就是向外界表明，即使国君年纪还小，但是他有一帮兄弟，他们的拳头还是很硬的，小看鲁国，於余丘就是下场。需要注意的是，鲁同本年不过十四岁，鲁庆父最多十二三岁，即使於余丘只是周边的一个小国，又岂是一个小孩子能应付的？这次出兵恐怕只是借用了鲁庆父的名义，实际操盘的则另有其人。

● 丘虚 ●

在这里我们要多说几句闲话。

我们讲《春秋》到现在，提到了不少地名，尤其以带丘字的地名为多。鲁国焚烧树林捕杀野兽的咸丘，这次攻打的於余丘，还有帝丘、楚丘、中丘等，似乎春秋时代很喜欢以丘来命名城邑。难道这些地方旁边都有很漂亮的山丘，都是非常有名的风景胜地？并不是这样的。

丘，古字是下面一横，上面一个北方的北，古人造字似乎是以地平线以北代指山丘。

我们的先民最初常选择在山丘以南的平地设置定居点。山丘的南边，太阳可以晒得到，暖洋洋的；北边的寒风则有山丘的阻挡吹不过来，这种地方住起来最舒服。定居点是一片平地，平地的北边自然就是山丘，由此，丘字就出现了。相对于山丘，作为定居点的平地显得更加空旷，也就被称为虚（墟）。从山丘来描述定居点为丘，如少昊之丘，从平地来描述定居点为虚，如少昊之虚。少昊之丘、少昊之虚称呼不同，但指的是一个地方，都是少昊氏的聚落。

再看前面提到的地名，於余丘就是在於余的定居点，咸丘就是在咸地的定居点，帝丘就是出过帝王的定居点，以此类推。

丘作为定居点，又引申出众和万的意思。孟子有名言「民为贵，社稷次之，君为轻」（《孟子·尽心章句下》），想必大家都听过。其实后面还有一段，我们仅摘后一句：「是故得乎丘民而为天子，得乎天子而为诸侯」，这里的丘民指的就是万民。整句翻译就是，得到定居点民众的支持，就可以做天子；得到天子的支持，就可以做诸侯。

秋，七月，齐王姬卒。

七月，齐国的王姬去世。

王姬去年才刚刚经由鲁国主婚嫁去齐国，今年就香消玉殒了，真是红颜薄命！她去世的原因不详，但春秋时代卫生医疗水平落后，水土不服、吃坏肚子都可能是导致死亡的原因。

按照当时的习惯，王室出嫁到诸侯的女子去世，王室是不会主丧的。毕竟一嫁给诸侯，王室女子就变成了诸侯夫人，诸侯和王室地位天差地别，王室又怎么可能为一个诸侯夫人主丧呢？所以，还是要由主婚的同姓国负责处理这件事情，这次当然就是鲁国。

王姬嫁的是齐国国君齐诸儿，齐诸儿是鲁同母亲文姜的兄长，算起来王姬是鲁同的长辈。鲁同就以鲁国公室长辈的规格，为王姬服丧。《春秋经》通常不会记录别国夫人的去世，这次是因为鲁国主婚又有国君服丧才会特别记录。

冬，十有二月，夫人姜氏会齐侯于禚。

十二月，鲁国夫人文姜和齐国国君齐诸儿在禚邑（音拙）会面。

按照当时的习惯，作为国君夫人的文姜是没有外交活动的。想当年，鲁国先君鲁允带着文姜去见齐诸儿，就有人出面反对。更何况，文姜现在是前任国君夫人，还是和齐诸儿有私情的前任国君夫人。再加上齐诸儿秋天刚死了新夫人，一个死了丈夫，一个死了夫人，两个人本来就有私情，如今又堂而皇之地会面，乍一看会让人觉得非常不堪。

我们要注意的是，文姜和齐诸儿会面的禚邑，在鲁、齐、卫三国交界的地方。如果真是偷情，为什么不找一些风景秀丽的地方会面，非要选在这里呢？

目前，齐诸儿有两件大事需要鲁国合作。一是纪国的事情，他希望鲁国不要再掺和纪国的事情，以便齐国彻底吞并纪国。二是卫国的事情，卫国国君卫朔现在还在齐国眯着。齐诸儿急于把他送回卫国，需要鲁国的合作。此次，齐诸儿在禚邑停留就是在谋划讨伐卫国。

对文姜来说，目前最重要的事情是，鲁同年幼，如何能稳定他国君的地位？与齐诸儿合作是最直接的方法，借助齐诸儿的权威，用齐国这个大国在后面支持，鲁同在鲁国自然是稳如泰山。

齐诸儿通过文姜协调鲁国的行动，文姜则通过齐诸儿维护自己儿子的地位。此次禚邑之会，更多的是各取所需。

所有能活在台面上的人物，友情、亲情、甚至奸情，对于他们来说，只是生活中很小的一部分，大多数情况下影响不到他们的决策，他们更关心的是付出什么东西，能收获什么利益。

乙酉，宋公冯卒。

十二月初四，宋国国君宋冯去世。

三年

鲁侯同三年，庚寅，公元前691年，周王姬佗六年，晋侯缗十四年，曲沃伯称二十五年，卫侯朔九年，卫侯黔牟五年，蔡侯献舞四年，郑伯突十年，郑伯仪三年，曹伯射姑十一年，齐侯诸儿七年，宋公捷元年，陈侯杵臼二年，秦武公七年，楚王熊彻五十年，杞靖公二十三年，许男新臣七年。

使用微信扫描以上二维码收听本章音频

图3　鲁同三年人物关系图

三年春，王正月，溺会齐师伐卫。

去年，鲁国夫人文姜和齐国国君齐诸儿在鲁、齐、卫三国交界的禚邑会面，当时已经谈定，鲁齐共同出兵讨伐卫国。但是，这件事情在鲁国内部并没有得到充分支持。鲁国有一大批人仍然认为先君鲁允的去世和齐诸儿有关，讨伐卫国更是齐国的事情，鲁国不适合参与。更有甚者，文姜提出这样的建议，会被人认为是齐国的奸细，毕竟文姜本来就是齐国人，为齐国利益服务也不奇怪。

不能说服整个鲁国，文姜转而策动鲁国公子鲁溺单独出兵，以配合齐诸儿行动。周历正月，鲁溺会合齐国军队讨伐卫国。

鲁溺没有正式命令就出兵，《春秋经》自然不会给他"好脸色"。《春秋经》不称呼鲁溺「公子」，只称呼「溺」。这种事情在鲁国先君鲁息姑的时代也发生过，当时，鲁国公子鲁翚没有接到命令就出兵，《春秋经》就只称他为「翚」，而不是「公子翚」。

夏，四月，葬宋庄公。

四月，宋国国君宋冯下葬。宋冯去年十二月去世，本年四月下葬，所谓「诸侯五月而葬」（《礼记·王制》），算是中规中矩。

宋冯在位十九年。最初，他的父亲宋和没有将国君的位置传给他，而传给了他的兄弟宋与夷。宋冯被迫流亡去了郑国，接受郑国先君郑寤生的庇护。后来，也是郑寤生把宋冯送回宋国，拥立他做了宋国的国君。此后很长时间，宋冯偃旗息鼓，非常低调。一直到郑寤生去世，宋冯推动郑突做郑国的国君，希望能像郑国当年打压宋国一样打压郑国。可是，宋冯的计划只执行了一半，就因为郑突不堪重负，两国决裂。

宋冯花了很多工夫跟郑突对抗，恰逢郑国内乱，郑突被驱逐，郑忽替代郑突成为郑国的国君。宋冯不甘心前期的投入付之东流，故又转而支持郑突，希望郑突有朝一日再回到郑国，以便能让他榨取当年没有榨取完的利益。可是没想到，一直到死，宋冯的计划也没有真正的完成。宋人依照谥法「武而不遂曰庄」（《逸周书·谥法解》）为宋冯定谥号为庄，后世则称宋冯为宋庄公。

五月，葬桓王。

五月，王室先王姬林下葬。姬林去世已经七年，所谓「天子七月而葬」（《礼记·王制》），七年也未免延迟太久了。此次应该是改葬，改葬原因不详。

东周一任天王姬宜臼执政的晚年，有意推行避免诸侯干涉王室事务的政策，但没有成功。姬林即位后，积极延续姬宜臼的政策。他借用虢国制衡郑国，将郑国赶出了王室事务；又借用虢国内部纷争，将虢国也赶出了王室事务，由此，王室彻底摆脱了诸侯的影响。对外方面，姬林积极伸张王室的权力，授权郑国讨伐宋国，组织诸侯讨伐郑国，授权虢国数次讨伐曲沃，使得王室权威复振。

姬林在位二十三年，彻底扭转了姬宜臼时代诸侯干涉王室内政的状况，使得王室事务可以自主。他通过和郑国换地，让王室得到了实实在在的利益，直接间接对诸侯的讨伐，复振了王室的声威，可以说是有大功于王室。王室依照谥法「辟土服远曰桓」（《逸周书·谥法解》）为姬林定谥号为桓，后世则称姬林为周桓王。

秋，纪季以酅入于齐。

本年秋天，纪国国君最小的弟弟纪季以酅邑（音携）作为觐见礼，投靠齐国，成为齐国的附庸。由此，纪国一分为二：齐国附庸纪季所控制的酅邑、纪国国君所控制的国都。这和郑国的情况就非常类似了。

春秋时代施行的是分封制，国君是大宗，掌控国都，国君的兄弟则会每人分到一块封地，酅邑就是纪季的封地。他把酅邑送给齐国，齐国会顺势将纪季重新封在酅邑，如此，纪季就从纪国的封臣变成了齐国的封臣，纪国的酅邑也就变成了齐国的鄑邑。

纪季投靠齐国，一方面是因为纪国受到齐国的压力越来越大；另一方面也是为纪国做两手准备。对于纪国来说，从最初请求鲁国调停，到请求王室出面，到和王室联姻，再到和齐国盟誓，鲁允去世一切成空，所有能做的工作都做了，现在已经没有办法了。再跟齐国抗衡下去，纪国的宗庙、社稷都会被齐国彻底消灭，纪国的祖宗就没有人再祭祀了。

纪国和齐国一样是侯爵，作为大宗的纪国国君这一支，自然没有办法主动投靠齐国。所以，由纪季这一支小宗带着祖宗社稷的神主牌位投靠齐国。虽然只是齐国的附庸，但是纪国的祖宗社稷还可以在附庸这个层次上继续祭祀，纪国的祖宗还有血食可食。

至于纪国国君这一支，只能听天由命了。

冬，公次于滑。

纪国的分裂让鲁同清楚意识到纪国覆灭在即，但是鲁同又能做什么呢？毕竟他年纪还小，要跟齐国国君齐诸儿抗衡是根本不可能的事情。鲁同想到父亲鲁允时代和郑国的良好关系，希望郑国出面，和鲁国一起把齐国的野心挡下来。

本年冬天，鲁同驻扎在滑邑，和郑国国君郑仪会面，讨论纪国的事情。

郑仪的前任郑亹被齐诸儿杀掉，郑国都不敢有所异动，何况是为了不相干的纪国？郑仪借口有郑突在栎邑虎视，不敢得罪齐国。其实，郑仪的反应，鲁同又怎么会想不到？他在滑邑也只是"听天命、尽人事"而已。

《春秋经》记录此事为「公次于滑」。凡是军队驻扎，住一夜称为「舍」，住两夜称为「信」，超过两夜称为「次」。「公次于滑」，就是鲁同在滑邑停留多日的意思。

四年

鲁侯同四年，辛卯，公

元前660年，周王姬佗七年，晋侯缗十五年，曲沃伯称二十六年，卫侯朔十年，卫侯黔牟六年，蔡侯献舞五年，郑侯突十一年，郑伯仪四年，曹伯射姑十二年，齐侯诸儿八年，宋公捷二年，陈侯杵臼三年，秦武公八年，楚王熊彻五十一年，杞靖公十四年，许男新臣八年。

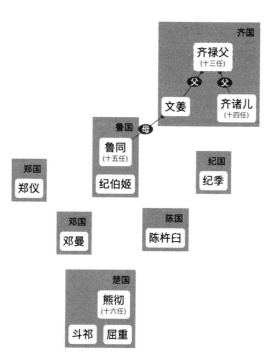

图4　鲁同四年人物关系图

四年春，王二月，夫人姜氏享齐侯于祝丘。

周历二月，鲁国夫人文姜在祝丘以享礼招待齐国国君齐诸儿。

这几年，文姜大多数时间都跑在外面，不是在这个地方，就是在那个地方，被记录下来的活动又多数和齐诸儿相关。一方面是文姜有丑闻在身，没办法在鲁国长期停留；另外一方面也是碍于她国君夫人的身份，鲁国的重臣们拿她没有办法。更重要的是，大家都需要文姜协调鲁国和齐国的行动。

几年下来，《春秋经》对文姜的记录，甚至超过了鲁同，仿佛她是鲁国的国君一样。

三月，纪伯姬卒。

三月，纪国国君夫人纪伯姬去世。

纪伯姬是鲁国先君鲁息姑时代，嫁去纪国的两姐妹中的姐姐。她的去世对纪国影响非常大。如今的纪国虽然已经分裂成两块，灭国在即，但有纪伯姬在，纪国和鲁国还有一线相连。可是，这最后的一线也断了。可以说，纪伯姬的去世预示着纪国的灭亡。

（楚子薨于樠木下。）

周历三月，楚历荆尸，楚国国君熊彻在太庙前发放长戟，准备讨伐随国。

按照当时的习惯，发放武器前要先做斋戒。熊彻斋戒的时候，对他的夫人邓曼说："为什么我总觉得心慌慌的，没有着落？"

邓曼叹了一口气说："大王，恐怕您的福禄将终，就要去世了。口袋里装满了东西才会摇晃，这是天道。大王为国家建立了这么多的功绩，如今已经到了巅峰，再往下走恐怕就是死亡。估计是先君们知道了这件事情，特意在您准备发布作战命令的时候，让您感到心慌，这是个预兆。大军出征，您如果能死在路上而军队没有损失，那就是国家的福分。"

熊彻不以为意，发放长戟后就统帅大军向随国进发，结果病死在路途上的一棵楠树（音蛮）下。

邓曼预言了熊彻的死亡，这是未卜先知吗？不是这样的。

熊彻即位至今已经五十一年，即使他十几岁即位，到今年也七十往上。所谓「人生七十古来稀」（《杜工部诗·曲江二首》），在古代能活到七十岁的人本就不多。何况，熊彻还要身披重甲去作战，他在路上有个好歹，实在是很正常的事情。邓曼言下之意是说，年纪大了，悠着点儿，别跟年轻时候一样提那么大的心劲儿。万一死在战阵上，不更麻烦吗？邓曼是依照常理做出的提醒，否则以她仁智之名，岂能在战前诅咒熊彻，或者明知熊彻会死却不阻止？

楚国大军在外，最高统帅却死掉了，大军立即面临进退失据的局面。这个时候，代熊彻统军的是楚国的两位重臣，一位是令尹斗祁，一位是莫敖屈重。

莫敖本是楚国军事方面的首脑，国君不出征，莫敖就是最高统帅。可是，上一任莫敖屈瑕刚愎自用，导致楚军败绩，莫敖的地位也因此降低。与屈瑕不同的是，斗氏人在几次进言中显示出他们卓越的能力。如今，斗氏掌控的令尹在军事上的地位已经超过莫敖，此后楚国出兵，令尹就成了国君之外的最高统帅。

面对熊彻去世的特殊局面，斗祁和屈重都认为，这个时候的楚国四面皆敌，如果退兵，熊彻去世的消息会被随国用来联络周边国家，一起进攻楚国。楚国大军很可能被拦截在外，甚至全军覆没。所以，撤兵是非常危险的事情，太容易出问题。

斗祁和屈重决定启用另一个方案——虚张声势。他们组织楚国大军，大张旗鼓修建道路，在溠水（音乍）上修建桥梁，甚至扎营的地点也特意选在随军营垒旁边。楚军志在必得的样子可把随国吓坏了。随国不知道楚军主帅已死，以为楚国这次是灭国之战。随国主动出面，向楚军请求和解。随国的求和正中楚国下怀，楚军以熊彻的名义，派屈重进入随都，和随国举行盟誓。

屈重做戏做足，他不只要盟誓，还要求和随国国君在汉水以西会面。我们要知道，楚国和随国隔汉水相望。楚国在汉水西边，随国在汉水东边。汉水以西是楚国的地盘，两个经常发生战争的国家，国君会面要在楚国的地盘上，对随国来说，是非常不利的事情。由此我们可以推断，屈重借助虚张声势，在和随国的谈判中占据了极大的优势。

楚国得到了想要的东西，接着就撤军了。军队一直撤过汉水，才对熊彻发丧。

夏，齐侯、陈侯、郑伯遇于垂。

三月，纪国国君夫人纪伯姬去世，纪国和鲁国的联结彻底断掉了，齐国再也不需要顾及鲁国的感受。消息传开，齐国国君齐诸儿立即召集党羽，对纪国施加压力。

本年夏天，齐诸儿、陈国国君陈杵臼、郑国国君郑仪在垂邑会面。

《春秋经》记录此事为「遇于垂」，这是因为时间太过匆忙，三国国君的会面就好像路上遇到的一样。

纪侯大去其国。

齐国、陈国、郑国三国在垂邑的会面，给了纪国极大的压力。纪国国君无法承受压力，他将国都送给他的弟弟纪季，然后自行离开纪国，以逃避齐国的威胁。《春秋经》记录此事为「纪侯大去其国」，是说纪国国君从此一去不复返了。

春秋时代，国君的流亡、复辟，国家的灭亡、复国，都是平常事。也因此，《春秋经》很少会下断言。比如，在齐国睨着的卫国国君卫朔，他虽然流亡了好几年，可没准哪一年就会回到卫国。卫朔流亡的时候，《春秋经》并不会说他是「大去其国」。但是，纪国的情况完全不同。纪国这么多年的努力，鲁国有目共睹。从鲁国史官的角度来说，他们非常笃定纪国已经灭亡，而且不可能再次复国。纪国国君的离开就意味着，他再也不可能以国君的身份重新踏上这片土地。由此，《春秋经》才下了定论，说他是「大去其国」。

六月乙丑，齐侯葬纪伯姬。

纪国国君刚刚流亡，齐国国君齐诸儿就以迅雷不及掩耳之势吞并了纪国。

春秋早期，诸侯国相对较小，吞并一个同级别的国家，往往会引发很多问题。想当年，郑国先君郑寤生吞并许国，他担心许人不服，特意设置了很多应对的措施。纪国和齐国都是侯爵国家，要顺利吞并纪国，齐诸儿自然也要施展他的政治手腕。

恰好，纪国夫人纪伯姬刚刚去世，还没有下葬。六月二十三，齐诸儿亲自安葬纪伯姬。

安葬纪国原国君夫人，一方面是为了安抚已经被吞并的纪国这块土地上的民心；另外一方面也是为了安抚鲁国的人心。齐诸儿想向鲁国表明，虽然纪国没有了，但鲁国嫁到纪国的女子，齐国仍然以礼相待。

接着，齐诸儿又宣扬齐国出兵的合法性，他提到了齐、纪九代以前的恩怨。纪国先君曾向王室进谗言，使得齐国先君齐不辰（五任）被天王烹杀，由此，引发了齐不辰兄弟为争夺爵位而进行的相互残杀。齐诸儿强调，纪国的灭亡是因为纪国先君造了孽，齐国灭亡它只是为九代前的血案复仇而已。

秋，七月。

无事可记，《春秋经》照记「秋七月」。

冬，公及齐人狩于禚。

夏天，齐国国君齐诸儿吞并了纪国，并在纪国做了一大批安排，其中包括对鲁国的安抚。考虑到齐鲁之间仍然有很多需要合作的地方，齐诸儿希望直接得到鲁同的认同，他决定通过一起狩猎的方式和鲁同亲近，让他接受纪国灭亡的既定事实。

本年冬天，鲁同和齐诸儿在禚邑狩猎。

春秋时代的田猎是某种意义上的练兵。鲁同今年十六岁，以古代的标准来看，已经成年。齐诸儿拿出长辈的样子，带着鲁同打猎，帮助他学习组织军队的方式，表达对鲁同的慈爱。

考量：何以「荆尸」

公元 1975 年，湖北省云梦县睡虎地出土了一批秦简，其中有一份《秦楚月名对照表》（以下简称《对照表》）。云梦县原为楚地，在郢都东。据《史记·秦本纪》记载，秦昭王二十九年（公元前 278 年），秦国大良造白起攻占郢都，设置南郡，云梦县也就归入南郡。这份《对照表》大概是因应当地人惯用楚历的习惯编制的。

我们要注意，全世界所有研究历史、考古相关门类的人，最喜欢的东西就是对照表。因为一套体系，跟我们现在的体系隔绝时间很久之后，我们要搞清楚它的样貌是非常困难的。如果能有另外一套体系与它相对照，破解它就变得容易很多。我们知道，大英博物馆的镇馆之宝是罗塞塔石碑。走近观察罗塞塔石碑，发现只是一块大石头而已，并不起眼。但是，这块石碑用希腊文、埃及文以及当时的通俗文字同时记录了一份诏令。也就是说，罗塞塔石碑其实是一个文字的对照表。正是通过这个对照表，考古学家才能分析出埃及文字到底记录了什么。虽然大家都喜欢对照表，但能够恰好被发现的对照表是非常有限的。毕竟在一个文明中，文字也好，制度也好，自运作的时候，很少会需要与其他东西做对照。对照表往往只存在于两个体系冲突融合的时刻，比如《对照表》就是这样。

《对照表》见于睡虎地秦简《日书》甲种《岁》篇，内容如下：

> 十月楚冬夕，日六夕十。
>
> 十一月楚屈夕，日五夕十一。
>
> 十二月楚楥夕，日六夕十。
>
> 正月楚刑夷，日七夕九。
>
> 二月楚夏尸，日八夕八。
>
> 三月楚纺月，日九夕七。
>
> 四月楚七月，日十夕六。
>
> 五月楚八月，日十一夕五。
>
> 六月楚九月，日十夕六。
>
> 七月楚十月，日九夕七。
>
> 八月楚爨月，日八夕八。

九月楚献马，日七夕九。

《对照表》虽然不长，却说明了很多的问题。

首先，《对照表》将一天分为十六份，以日夕来记录昼夜的长度。日八夕八就是昼夜等分，对应春分、秋分，日五夕十一对应冬至，反过来就是夏至。秦历部分，正月为冬至后的第二个月，可以推知秦历建寅，和夏历一致，即秦用的是夏正。

其次，从楚月名七、八、九、十，可以上推得知，楚历正月在冬至月前一个月，即楚历建亥，在夏历十月，周历十二月。

再次，秦虽然用夏正，大概受楚国影响，以十月开年，可以说秦历是正月建寅、岁首建亥。

最后，请大家注意，秦历正月，楚历四月，被称为「刑夷」，在同批秦简中也被称为「刑尸」（秦简乙149号）。《说文》有「荆，楚木也。从艸，刑声」，由此，「刑夷」「刑尸」也被认为是《左传》中的「荆尸」。

「荆尸」在《左传》中凡两例。

第一例在鲁同四年。「王三月，楚武王荆尸，授师孑焉，以伐随」（《左传·庄公四年》）。按故旧的说法，「荆尸」被解释为陈兵之法。如「尸，陈也。荆亦楚也，更为楚陈兵之法」（《左传·庄公四年·杜注》），又如「楚本小国，地狭民少，虽时复出师，未自为法式，今始言荆尸，则武王初为此楚国陈兵之法，名曰荆尸，使后人用之」（《春秋左传正义·庄公四年》）。如果「荆尸」解释为陈兵之法，则原文可解释为：楚武王陈兵，发放长戟以讨伐随国。如果把「荆尸」解释为月名，则原文可解释为：楚武王在荆尸月（即夏历正月）发放长戟讨伐随国。两种说法，语意皆通。

第二例在鲁侁十二年。邲之战前，晋国大夫士会从德刑、政、事、典、礼五个角度阐述楚军的优势，他讲述「事」时说：「荆尸而举，商、农、工、贾不败其业，而卒乘辑睦，事不奸矣」（《左传·宣公十二年》），由此论定楚军「事时」（处理事务合乎时令）。如果把「荆尸」解释为陈兵之法，则原文可解释为：陈兵后出征，行商、农民、工匠，店家不受影响，步兵车兵和睦，互不侵犯。如果把「荆尸」解释为月名，则原文可解释为：荆尸月（夏历正月）出征，行商、农民、工匠，店家不受影响，步兵车兵和睦，互不侵犯。

问题来了，陈兵后出征，明明没有提到时令，为什么会被士会认为「事时」呢？这里将「荆尸」解释为月名，语意才能通顺。由此，我们反推鲁桓四年的条目，应该写作「王三月，荆尸，楚武王授师孑焉，以伐随」，比较合理。大概是当初的《左传》整理者不明「荆尸」的含义，错将文字颠倒，引发了后世理解的分歧。

楚国"荆尸月"出兵，士会为什么会称赞？有一种说法认为，古人重视农业，夏正正月已近春耕，这时候出兵还能做到「商、农、工、贾不败其业」，由此，士会感叹楚国治政有方，不可敌。但问题是，如果楚国出征有违农时，又怎么会被士会说成是「事时」呢？

其实，春秋时代讲究的是「国之大事，唯祀与戎」（《左传·成公十三年》），农事根本无法与祭祀、战争相提并论。毕竟当时的战争主要发生在贵族间，不论怎么打对农业生产影响都有限。直到战国初年，战争越发频密，一般民众也都加入其中，商鞅变法时才会将农战并列。如果细查《春秋》就会发现，中原诸侯在春天很少发动战争，春天主要是盟会等外交活动的时段，但楚国却是惯例在春天出征。原因非常简单，因为南北气温不同。要注意的是，这里的春是周正的春，周正二月北方还在藏冰，周正三月也就是农历的正月，中原地区平均气温都在0℃以下，但楚国所在的湖北已经是0℃以上了。「荆尸而举」对楚国来说，就是天气暖和到可以出兵的时候就出兵，所以士会才会说「事时」。

"荆尸"是楚国历法的月名，但我们一般所说的古六历（黄帝历、颛顼历、夏历、商历、周历、鲁历）中并不见楚历。事实上，楚人的祖先是颛顼时期的重黎氏，重黎氏也是中国古代历法的鼻祖之一。据说上古人神杂处，颛顼「乃命南正重司天以属神，命火正黎司地以属民，使复旧常，无相侵渎，是谓绝地天通」（《国语·楚语》）。「绝地天通」就是人神分离，历法也被分为神历和民历。

火正黎通过观测大火星制定民历，被称为人正或颛顼小正，也就是古六历中的颛顼历。颛顼小正被夏小正所继承，夏小正即古六历中的夏历。南正重通过观测南门星制定神历，被称为天正或颛顼大正。楚历即是衍生自颛顼大正。

"荆尸"的"荆"是楚国的地名，"尸"则是尸礼。"荆尸"显然与祭祀有关，也和南正重「司天以属神」的职掌相符。春秋时代，国君掌管祭祀，官方的历法也因此使用神历。如周历、鲁历虽然和颛顼大正没有确定的关系，但也属于大正系统。不论是王室、鲁国还是楚国，民间都使用夏历。神历、民历两历并行，各成体系，互不相干。

"古六历"虽然是"六历"并存，但因为传承和记录的原因，神历（如周历、鲁历）和民历（如颛顼历、夏历）实际上混在了一起。

当然，我就这么一说，您就那么一听。

五年

鲁侯同五年，壬辰，公元前689年，周王姬佗八年，晋侯缗十六年，曲沃伯称二十七年，卫侯朔十一年，卫侯黔牟七年，蔡侯献舞六年，郑伯突十二年，郑伯仪五年，曹伯射姑十三年，齐侯诸儿九年，宋公捷三年，陈侯杵臼四年，秦武公九年，杞靖公十五年，楚王熊赀元年，许男新臣九年。

使用微信扫描以上二维码收听本章音频

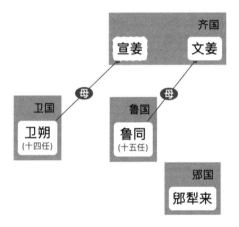

图5　鲁同五年人物关系图

五年春，王正月。

无事可记，《春秋经》照记「春王正月」。

夏，夫人姜氏如齐师。

七年前，卫国国君卫朔流亡到齐国。此后，齐国国君齐诸儿就一直想送他回国。齐诸儿和鲁国先君鲁允做了交易，用与纪国的和解换取鲁国的支持。可是，卫国没有给齐国可乘之机，这件事情还是被耽搁下来。

五年前，鲁允在齐国暴毙，齐诸儿丑闻缠身，两国关系游离在破裂的边缘，更是无法统一行动。此后几年，齐诸儿转而处理纪国的事情，满脑子都是如何削弱纪国、分割纪国、吞并纪国。

到了去年，纪国被齐国彻底吞并，纪国国君「大去其国」。这时候的齐诸儿踌躇满志，自认为天下没有难得倒他的事情。况且，鲁同年纪还小，完全依附于齐国，齐诸儿可以通过文姜协调鲁国和齐国统一行动，这就意味着和当年与鲁允达成的协议是一样的。齐诸儿认为机会到了，他决定就在今年，送卫朔回国。

就在齐诸儿积极备战的时候，文姜来到齐诸儿的军营。文姜和齐诸儿，这几年多有来往。一般情况下，他们会找一个第三地，在那里聚一聚，吃吃饭，聊聊天，干点儿其他的事情。进入齐诸儿的军营，对文姜也是头一次。文姜明白，这次战争，齐国的赢面极大，她希望能够在这次战争中，为鲁国，尤其是为他的儿子鲁同分一杯羹，这才赶在第一时间和齐诸儿把相关的协议拟定。

文姜为了鲁同，真是不遗余力。

秋，郳犁来来朝。

本年秋天，郳国国君郳犁来到鲁国朝见。《春秋经》记作「郳犁来来朝」，直接称呼郳犁来的名字，一方面因为郳国是一个非常小的国家；另一方面则是郳国还没有受到王室的正式赐命。

郳国和邾国同祖，算起来是邾国的一个分支。邾国就是一个小国，整天被人打，郳国竟然还是邾国的分支，其规模可想而知。但是郳国这个国家比较有意思，到了后来，当我们讲到作为春秋五霸之首的齐小白尊王攘夷的时候，郳国在其中出了力，由此受到王室的正式分封，被称为小邾子。小邾子，这个名字听起来挺搞笑的，实际上，子是它的爵位，小邾意味着它是邾国的一支，所以叫小邾子。

郳国最终被楚国所灭。楚国本就是一个好战之国，用我们现在的话说就是战斗民族，喜欢打仗。它的国君七老八十了，大正月的还要带着兵出去打仗，攻击别的国家。春秋战国时代，大多数的国家都是楚国灭掉的。齐国为了灭一个纪国，花了多少年的功夫？但是楚国呢，强盛的时期，基本上一年灭一个国家。当然，这些都是题外话。

冬，公会齐人、宋人、陈人、蔡人伐卫。

本年冬天，鲁同会合齐国国君齐诸儿、宋国国君宋捷、陈国国君陈杵臼、蔡国国君蔡献舞联军讨伐卫国，送卫国国君卫朔回国。我们以前总在说郑齐集团、宋卫集团两大阵营，如今已经完全没有区隔了，所有的国家只为让齐诸儿得偿所愿，这真是国际大和解的一战！

六年

鲁侯同六年，癸巳，公元前688年，周王姬佗九年，晋侯缗十七年，曲沃伯称二十八年，卫侯朔十二年，卫侯黔牟八年，蔡侯献舞七年，郑伯突十三年，郑伯仪六年，曹伯射姑十四年，齐侯诸儿十年，宋公捷四年，陈侯杵臼五年，秦武公十年，杞靖公十六年，楚王熊赀二年，许男新臣十年。

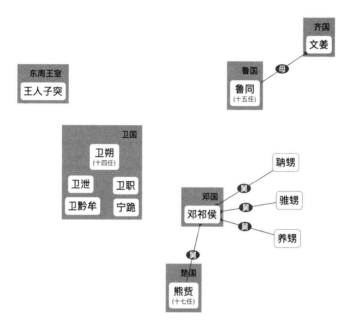

图6　鲁同六年人物关系图

六年春，王正月，王人子突救卫。

去年冬天，齐国国君齐诸儿纠集宋国、陈国、蔡国、鲁国等一大堆国家讨伐卫国，要送流亡在齐国的卫国国君卫朔回国。以阵容来说，中原的大国基本上都出动了，卫国自然无法抵御，无奈之下只得向王室求援。

周历正月，王室派子突救援卫国。

这件事情说起来颇为蹊跷。我们前面讲过，卫国有卫州吁之乱，宋国有宋督之乱，郑国更不用说了，几大公子走马灯一样换来换去，什么时候见王室出面调停？唯一被王室特殊对待的是晋国。晋国大宗小宗之争，王室几次派人调停。但要注意的是，王室虽然和晋国大宗的关系不错，但每一次调停都由虢国出面，虢国和晋国相邻，又这么热心涉入晋国内政，目的不言而喻。由此也可以推知，调停晋国未必是王室自己的想法。其实，王室从东迁以来，几乎所有的政策都是有意识地削弱诸侯在王室的影响力，对诸侯内部纷争早就没有以前那么热心。

可这一次，这么多国家攻打卫国，王室偏偏站在了联军的对立面上，卫国和王室何亲？实在是王室有不得不干涉的理由。

以前的诸侯内乱，国君进进出出，说白了就是国内两派互殴，一派把另一派打趴下，内乱就算结束了。即使有一派借用外国势力，如宋国先君宋冯借助郑国先君郑寤生回国，郑国公子郑突借助宋冯即位，大体上还是国内的分歧，外力只是辅助。

可是，这一次就完全不同了。卫国现任国君卫黔牟，在位已经八年。卫国国内没有内乱，卫黔牟也没听说有什么罪过。一个当政的国君，只因为在齐国这个大国眼中，觉得他不适任，就要把他换掉，这是非常严重的问题。

以往，更换一个国家的国君，任命、取消一个国君的爵位，只有王室才能做，或者起码要经过王室的授权。这一次，齐诸儿搞这么大的场面，却从来没有跟王室通过气，自然没有王室的授权。如果王室对这种事情默认了，就意味着以后任何一个国家，只要它足够强大，盟国足够多，想任免谁就任免谁，这岂不成了代王行事？那以后就没有王室什么事情了。虽然王室这些年来，不停地衰落，但这种破底线的事情，对它来说还是不能容忍。王室派人支援卫国，是在表达对这件事情的不满。

但是，中原大国几乎都参加了这次讨伐，王室就算倾尽全力，能有几个兵？王室难道不知道，自己对抗不了联军吗？王室当然知道，所以王室才会派子突出马。

《春秋经》称呼子突为「王人子突」，王人就是王室的人，好像宋国人称为宋人，楚国人称为楚人。王室人地位要比诸侯高一个层级，王室的卿大夫类比诸侯，王室的士类比诸侯的大夫。所以，王室的人出来，要不称爵，要不称官，没官没爵的年轻人出门就以某人的儿子自称，从来没有称呼「王人」的。

由此可见，子突在王室整个组织构架中，地位非常低，低到比不了诸侯的卿大夫，我们估计他就是个士，最多也就是个下大夫的角色。

齐国搞这么大一个行动，又破了王室的底线，王室却派这么低层级的人来对抗齐国，这就是王室的私心。齐国破了王室的底线，王室没办法阻止，又要表达一下立场，派一个身份低微的人出面，既能展示王室的态度，又方便随时舍弃。子突地位如此低下，如果齐国要向王室讨说法，王室可以立即撇清关系。

子突出征救援未果，已经是王室准备抛弃的棋子。他战败了，就意味着会被王室斩断关系，他要战胜又完全是不可能发生的情况。所以，子突一路走来，只有死路而已。

夏，六月，卫侯朔入于卫。

六月，卫国国君卫朔在国外流亡八年之后，终于重返卫国。卫朔进入卫都，立即着手清理反对他的人。他首先把卫国国君卫黔牟流放去了王室。王室对他的强势回归不认同，他将卫黔牟流放到王室，也算是让王室下了台阶。接着，卫朔将卫国大夫宁跪流放去了秦国。最后，卫朔把驱逐他的左公子卫泄、右公子卫职都杀掉了。由此，卫朔在卫国重新即位，又成了卫国的国君。

《春秋经》记录此事，称呼卫朔为「卫侯朔」。按照《春秋经》记录的习惯，对于王室赐命的国君，除了死亡（即死后称名）或者罪大恶极，一般不会称呼名字。所以，「卫侯朔」三个字，惹得后世议论纷纷。有人认为，卫朔违抗王室的命令罪大恶极，《春秋经》特意标注他的名字，以便让后世唾弃他。

实际上，《春秋经》在这里首次面临了一个技术性问题。卫朔复辟前，卫黔牟还在位的八年间，《春秋经》称呼卫黔牟为「卫侯」。卫朔再次进入卫都，卫国同时出现了两位国君，一个是卫侯朔，一个是卫侯黔牟，这是以前很少会碰见的情况。《春秋经》特意称卫朔为「卫侯朔」，就是要点明进入卫都的是两个卫侯中的哪一个，并非褒贬。同样的，郑国内乱，郑突流亡郑忽回国的时候，《春秋经》称郑突为「郑伯突」，称郑忽为「郑世子忽」，也是为了区分两个人。

君子曰："二公子拥立卫黔牟欠缺考虑。能稳固国君位置的人，一定要考虑候选人各方面的情况，然后选合适的拥立。不知道底细的不考虑，知道底细，却缺乏支持的，不强立。《诗经》有云：「本枝百世」（《诗经·大雅·文王》），说的就是这个道理。"

「本枝百世」本意是指周文王子孙众多，大宗小宗都百世昌盛。君子在这里断章取义，解释为某人能被拥立为国君的条件。「本」指的是做国君的基本条件，比如血缘、能力。「枝」指的是围绕在国君身边，拥护他、支持他，愿意为他办事的人。国君是一棵大树，他们就是大树的枝叶，枝叶越繁盛，大树活得越长久。卫黔牟是卫急的弟弟，拥有做国君的资格。但他在位的八年间，《春秋》竟然没有记录他任何一件事情。这个人就像隐形了一样，一点儿存在感都没有，由此可以想象他的能力，这是「本」不足。除了拥立卫黔牟的二位公子，卫黔牟流亡王室，不见有人追随，这是「枝」不足。无「本」无「枝」，自然无法坐稳国君的位置。所以，君子才会认为二公子拥立卫黔牟欠缺考虑。

卫朔即位，也就意味着救援卫国的王人子突失败了。《春秋》对子突的记录非常有限，后世对子突则可以说是大吹大捧。明代冯梦龙所写的《东周列国志》，讲到这段的时候，那叫一个惨烈。

卫国受到攻击，向王室求援。卫国的使者在王室描述了卫国凄惨的现状。王室的大佬们不为所动，他们认为，联军这么多的人，我们王室就这么几个兵，怎么打得赢他们？没人愿意去救援。只有子突挺身而出，以大义责难大佬们说："你们怎么能这样做？我们可是王室啊！"最终，子突说动了天王姬佗。姬佗决定出兵，子突自告奋勇，带兵前往。

大佬们都不喜欢子突，就克扣他的人马，克扣他的兵粮。子突费尽心思，凑来凑去动员了两百兵车。等到他带着军队杀到卫都城下，乌压压全是联军的人，他这两百兵车，相对于联军来说，真是九牛一毛！

子突说："我有王命在身。王命要我救援卫国，怎么能因为对方人多，就退却呢？"他率领两百兵车，直接杀入联军中，最后全军覆没，子突也自刎在战阵上。

说得这么惨烈，冯梦龙觉得还不够，又作了一首诗来感叹子突：「虽然只旅未成功」，只带了这么点儿人，最后没有打赢；「王命昭昭耳目中」，脑子里想的全是天王的命令，没有自己的得失；「见义勇为真汉子」，为了救助弱小的卫国，对抗强大的联军，这是见义勇为，是真好汉；「莫将成败论英雄」。我们今天说「勿以成败论英雄」，就是源于冯梦龙的这首诗，说的就是这位子突。

由此，子突就成了维护弱小，挑战强权的高大上人物，勿以成败论英雄，就成了支撑子突的立柱。

我们就《春秋》的记录来说，卫泄、卫职将卫朔赶出来，是源于私怨。他们不满意卫朔夺嫡的手段，并不是卫朔真干了多少坏事。所以，卫泄、卫职发动政变算不上高尚。卫朔作为卫国正式的国君，被驱逐后，找亲戚拉人马打回来复辟，这是他的权利也无可厚非。王室派子突救援，无非是在抱怨："你们请求一下，让王室发个诏令不行吗？王室怎么可能不支持你们？你们有王室的诏令，把卫黔牟换了不是双赢吗？为什么要私下行动？为什么要无视王室？"

可以说，驱逐卫朔和卫朔回国，在道义上面并没有太大的差别，区别只在王室的看法。王室认为，卫朔借助齐诸儿，以暴力的手段，强制让已经在位多年的国君退位，是不合适的。并非真为了保护弱小的卫国。从这个角度上说，子突接受了王室的命令，即使真像《东周列国志》讲得那么惨烈，也只是一个完全遵照王室命令行事的人，并不代表他保护弱小，挑战强权。子突的经历可悲可叹，但也没有必要过分美化。

齐诸儿和卫朔挑战王室的底线，迫使王室派出子突这一小拨人马试探。想当年，王室讨伐郑国，被郑国箭射王肩，但起码出兵还有两个国家做帮手。这次，王室竟然连个帮手都找不到，实在是足够失败。对诸侯来说，王室的力量已经不足以影响大国做出的决定，这让王室的权威又遭受到了打击。

但是，王室的行动仍然产生了一个意想不到的副作用。

齐诸儿完全吞并纪国后自信满满，觉得什么事儿都难不住他，所以才高调组织了这次行动，从头到尾他就没有考虑过这里面会有王室什么事儿。经过这次碰撞，齐诸儿发现王室的权威虽然衰落了，但是王室的脸面还在。这给齐国后世的国君提了醒，此后齐国改用了更柔和的手段。王室要脸面，齐国就给王室脸面，以换取代行王事的权力。王室有了脸面，可以震慑诸侯，齐国代行王事，可以图谋私利。从上到下，大家都是高高兴兴和和气气的，这就是齐小白尊王攘夷的政策。

秋，公至自伐卫。

本年秋天，鲁同从对卫国讨伐的战场回到鲁国。《春秋经》记作「至自伐卫」，写了「至」，自然要祭告祖庙，封赏群臣，行饮至之礼。

螟。

本年秋天，鲁国螟虫成灾。

冬，齐人来归卫俘。

本年冬天，齐国将从卫国俘获的宝物送到鲁国，齐国国君齐诸儿还捎话说："寡人这次能成功讨伐卫国，全靠鲁侯出力。"

齐诸儿这话，一听就是场面话。讨伐卫国能够成功，首先是齐国做了充分的准备；其次是拉拢了一大堆的盟国；最后才是战阵上的表现。鲁同表现再出彩，对全局的作用也是有限的。伐卫前，鲁国夫人文姜匆匆忙忙跑去齐国军营会见齐诸儿，已经划定了鲁国的好处，甚至齐国送这些东西来，恐怕也是文姜要求的。文姜所做的一切都是为了讨好鲁同，帮鲁同巩固地位，她为鲁同可谓不遗余力。

（楚子伐申。）

本年冬天，楚国国君熊赀讨伐申国，经过邓国。熊赀的母亲邓曼是邓国人，算起来，是邓国国君邓祁侯的姐妹。邓祁侯说："这是我的外甥。"于是，把熊赀迎入邓国，并用享礼招待。

邓祁侯还有三个外甥，骓甥、聃甥、养甥，都在邓国做官。三个外甥请求杀掉熊赀，邓祁侯不同意。三个外甥不死心，又劝道："将来灭掉邓国的一定是这个人。如果不早做打算，日后再想除掉他，就好像一个人想咬自己的肚脐眼，怎么可能做得到？杀掉他的唯一机会就是现在。"

邓祁侯说："我把他请进来，又宴请他，却要在宴会上把他杀掉，别人会怎么看我？以后还会有人尊敬我吗？「人将不食我余」（《左传·庄公六年》，不会有人再吃我的剩饭了）。"

三个外甥说："不听我们的，您恐怕连国家都没了，还有什么人会尊敬您？"

邓祁侯不听。

熊赀吞并申国后，就开始着手攻打邓国，最终在十年后将邓国吞并。

● 不食我余 ●

这里我们要多说几句闲话。邓祁侯拒绝三个外甥的理由是：「人将不食我余」。这是当时的俗语，直译过来就是不会有人再吃我的剩饭了。在今天看来，完全是匪夷所思的事情，难道别人尊敬他，就要吃他的剩饭？

其实，春秋时代物资极度匮乏，又讲究「尊卑有别，长幼有序」（《荀子·君子篇》）。一般情况下，好的东西都会先孝敬尊长，尊长会将吃剩下的赐给年轻人或地位低的人。这些食物虽然是吃剩下的，但比一般人所用的伙食还要好。所以，长者赐剩饭给年轻人表示慈爱，年轻人接受长者的剩饭表示尊敬。

吃剩饭发生在尊卑、长幼之间，还附带有很多的规矩。比如陪伴国君吃饭，国君吃得差不多了，把剩饭装在盘子里赏赐下来，接受的人拿到盘子要先考虑这个盘子是能洗的还是不能洗的。如果是能洗的餐具，可以拿着盘子直接吃，吃完后洗干净再送回去。如果是不能洗的餐具，则需要把食物倒到自己的盘子里，用自己的盘子吃。

古代婚姻也有吃剩饭的习惯。新媳妇进门，先要吃公公的剩饭，公公会为她更换调味料。调味料在春秋时代是贵重物品，更换是表达亲近的意思。新媳妇吃完公公的剩饭，再吃婆婆的剩饭，婆婆会为新媳妇更换漱口水。一对新人吃完，再把剩饭赏赐给新媳妇带来的仆从、陪嫁，由他们分食。放在今天，哪对新人敢让伴娘、伴郎吃剩饭？恐怕友谊的小船说翻就翻了。

随着生产力的发展，物质逐步丰厚，吃剩饭的习惯就慢慢消失了。到了汉代，已经不再有吃剩饭的礼节。可是，汉代骂人还会用到「人不食吾余」类似的话，只不过把人换成猪，叫作「猪不食你余」，大意是说，连猪都不吃你的剩饭，看你低贱到什么程度。

回声：周王室没有「中兴之君」？

使用微信扫描以上二维码收听本章音频

齐国国君齐诸儿送卫国国君卫朔回国，破了王室的底线。王室被迫做出反应，却无法影响大局，反而致使王室的权威下降。当然，王室权威下降已经不是第一次。基本上，我们提到王室，王室的权威总是在下降：为了省钱，给没去世的人提前送丧葬用品，权威下降；天王去世乱发赴告，权威下降；向鲁国求取加礼，权威下降；讨伐郑国被箭射王肩，权威下降……大概因为王室权威下降太多次，有朋友觉得王室太憋屈了，就提问：周王室难道没有"中兴之君"吗？所以，我们要来讲讲周王室的"中兴"。

"中兴"的说法大体上源自对中国王朝兴衰的观察。秦汉以后的统一王朝大致会经历几个过程：首先是"开国之君"，接着是"无为之君"，再是"改制之君"，然后是"盛世之君"、"守成之君"、"中兴之君"，最后是"亡国之君"。

● 西汉的"中兴之君" ●

我们以西汉举例说明。

汉高祖刘邦在楚汉相争中击败项羽，建立大汉王朝。这是开国之君。

刘邦死后，西汉经过内乱，最终由汉文帝刘恒即位。刘恒受皇后窦氏的影响，行黄老之治，任用曹参为相。曹参对前任丞相萧何的政策完全接纳，一条也不修改。有人找他讨论政策，他就请来人喝酒，灌醉以后送回家。刘恒怪曹参不治事，曹参却说："您的圣武不如高皇帝，臣的贤能不如萧相，他们制定的政策没有问题，我们又改什么？"我们现在有个成语叫作萧规曹随，说的就是这件事。刘恒和曹参不瞎折腾，民众得以休养生息，西汉也从战后的贫瘠慢慢积累起了财富。这是无为之君。

刘恒之后，西汉承接前朝的弊端开始爆发。秦汉之前，就是东周王朝。东周王朝最大的问题是诸侯。王室将天下分封给诸侯，每个诸侯都能实际掌控自己的封地。诸侯实力强大就架空了王室的政权，所以周王室的权威在东周是一年不如一年。秦王朝要改东周之弊，去分封，用郡县。郡县首长和皇室没有血缘关系，天下一乱就各自为营，结果秦王朝二世而终。西楚霸王项羽改秦之弊，重新启用分封制。结果，封君争斗不断，让项羽疲于应付，最终被刘邦取代。西汉建立后，模仿秦朝用郡县制，模仿项羽分封功臣为异姓王。刘邦去世前，将异姓王全部消灭，改封同族为同姓王，并杀白马盟誓说：「非刘氏而王，天下共击之」（《史记·吕太后本纪》），为西汉带来几代的安定。到了汉景帝刘启的时代，同姓王血缘逐步疏远，开始争抢势力，最后对皇室造成了威胁。刘启任用晁错削藩，引发八国之乱，平乱后，同姓王被消灭了大半。刘启去世后不久，西汉施行推恩令，彻底解决了诸侯的问题。这是改制之君。

刘恒、刘启的施政被后世称为文景之治，前者解决了财政问题，后者解决了制度问题，这就给汉武帝刘彻搭建了施展的舞台。刘彻北抗匈奴，南击百越，奠定了整个汉朝乃至整个中国的基本版图，可谓盛世之君。

刘彻的文治武功固然被后世推崇，但对民生造成了相当的负面影响。汉昭帝刘弗陵继承刘彻晚年休养生息的政策，没有做什么大的调整，可以说是守成之君。

刘弗陵之后，西汉自身的问题开始爆发。东周分封，用人遵循「内用亲，外用世」，国君施政在内依靠叔伯兄弟，在外依靠世臣功臣。西汉为了去分封，先消灭了异姓王，等于消灭了功臣，又消灭了同姓王，等于消灭了叔伯兄弟。没了「亲」和「世」，皇帝施政政依靠外戚。外戚就是皇帝老婆的亲戚，我们现在所说的大舅哥、小舅子都属于外戚。西汉早期，外戚相对于异姓王、同姓王算不上什么问题。但刘邦解决了异姓王，刘启解决了同姓王，外戚开始变得强大。所谓「（大）丈夫一为卫（青）、霍（去病），将十万骑驰沙漠，驱戎狄，立功建号」（《三国志·任城陈萧王传》），卫青、霍去病都是外戚。汉宣帝刘询即位前后，外戚已经开始影响皇帝的权威。刘询就是由身为外戚的霍光拥立。霍光拥立过两个皇帝，还废掉了一个，可以随便废立皇帝，可见权威之盛。霍光给刘询带来非常大的压力，刘询和霍光同车出行，坐在霍光旁边，甚至不敢随便说话。霍光死后，霍家造反，刘询趁机将霍家势力全部铲除，算是重振皇室的权威。这是中兴之君。

刘询并没有彻底解决外戚问题，到了汉元帝、汉成帝的时代，外戚力量重新兴起。最终，西汉被王莽所篡，灭亡了。王莽就是外戚。

王朝在盛世后，政权出现疲弱，就会出现中兴之君来弥合王朝的积弊。中兴之君看似让王朝再次雄起，但是王朝根深蒂固的问题并没有实际解决。中兴之君只是让各方妥协，延缓矛盾的激化而已。

我们再来看周王室，周王室的"中兴之君"是西周第十一任天王姬静。有趣的是，他的谥号和刘询一样，也是宣，所以，姬静被称为周宣王。姬静面临的问题又是什么呢？这要从他的父亲姬胡（十任，西周）说起。

姬胡即位后，就发现周王室的权利义务不匹配：权利太少，义务太多。举个例子，王室召集诸侯一起攻打楚国，王室要出钱、出兵，可是打下来的地盘却因为距离王室过远，无法有效统治，要分封给楚国周边的诸侯。一场战争下来，王室出了本钱却得不到什么好处。王室强大的时候，对诸侯有一定的号召力，诸侯可以平摊一部分费用。但姬胡前几任的天王不停发动战争，给王室带来了巨大的财政负担。王室力量衰落，它的号召就无人理睬了。当然，王室可以下诏令讨伐不听话的诸侯。但是，按照当时的习惯，即使讨伐成功，也只是诸侯被治罪，并不会影响诸侯的族人世袭封地。换句话说，王室出人、出钱、出力，打了半天，只能换来几年的顺从，并不划算。

有朋友可能会说，这不是活该吗？谁让周王室开国的时候，天王一高兴把土地全部分封给了诸侯，当时不封就没这问题了吗？

分封诸侯听起来，似乎是王室分割一块土地给诸侯，实际上，王室哪有那么多土地？它只是在地图上画个圈儿，圈起来的地方未必是周王室所有，能不能有效统治更要看封君的本事。

齐国始封君姜子牙辅佐姬发（一任，西周）平定天下，被封在营丘。姜子牙七八十岁了，在去营丘的路上，赶路实在太累，就找了家旅店休息。

有人问："老人家，您这是要去哪儿？"

姜子牙得意地说："我被分封到营丘了。"

那人说："您这么不着不急的，就不怕别人抢您的封地吗？"

姜子牙觉得有道理，立即启程，马不停蹄地赶到营丘。果然，有莱国跟姜子牙争夺营丘。姜子牙击败莱国，拿下了营丘，但这并不代表就可以坐享其成了。营丘在现在的山东，是鱼米之乡，真正的好地方。可在当年，那是蛮夷之地。姜子牙全家支个破茅草屋，开垦土地，召集附近的民众，无数辛苦才打造出后来强大的齐国。

晋国始封君姬虞被封在唐。姬虞在唐过得并不安稳，他的儿子将国家迁到晋水流域，才让晋国得以发展。此后，一代代晋国国君从狄人那里夺取土地，终于有了强大的晋国。

诸侯的爵位是王室分封的，但土地和财富却是封君一代又一代用鲜血和汗水换回来的。如果分封的时候，王室不许诺所有权，经过五代十代开垦好了就要收回，姜子牙、姬虞还会那么卖力吗？王室许诺所有权，自然对诸侯的权力就有限了。

姬胡想要建立功业，但王室虚弱的财政状况并不足以驱动诸侯，所以，姬胡想集权，将王畿内的权力集中在手里。这下引发了畿内封臣甚至诸侯的不满，大家沸沸扬扬都要反对他。姬胡为了贯彻他的政策，找了个巫师在附近监督舆论，谁要敢反对我、骂我，就杀无赦。封臣们都害怕了，没人再敢说话，大家在路上碰到都靠眼神交流。所谓「防民之口，甚于防川」（《国语·周语上》），这样的高压政策让大家都憋着不说话，能不出事吗？果然，三年后，国人暴动，姬胡流亡彘邑。

这里我们要多插一句，姬胡喜欢搞集权并非特例，其实，分封制的国家都喜欢集权，区别只是能集中多少的权力。举个例子，英国历史上有个国王叫作亨利二世。当时的英国也是分封制，亨利二世面临的问题跟姬胡如出一辙，所以，他也想集权。亨利二世打算一条权力一条权力慢慢往回收，最成功的是收回了司法权。

当时的英国，每个贵族都有自己的贵族法庭，封地上的法律纠纷都在贵族法庭上裁决。如果是民众间的纠纷，倒也问题不大。可是，贵族侵犯他封地里民众的权益，民众又到他的法庭去打官司，肯定打不赢，所以造成了很多的不公。

亨利二世正是看到了这一点，就搞了个王室法庭。亨利二世向全国老百姓宣称，如果在贵族法庭得不到公正，就来王室法庭。我在王室法庭准备了十二位德高望重的贵族，任何申诉都由这十二位贵族集体裁决。

虽然，十二位贵族的裁决还是会偏向贵族，但在贵族法庭里一点胜算都没有。所以，全国民众都跑去王室法庭打官司。贵族法庭没有人打官司，就慢慢被废弃了。由此，王室就收回了司法权。值得一提的是，由十二位贵族所创立的制度流传下来，也就是我们现在常听到的陪审团制度。当然，这是题外话。

姬胡被赶走后，王室出现前所未见的情况，天王没有了。姬胡虽然流亡，但他是合法天王，只要他没死就不能立新天王。由此，王室的事务改由诸侯一起管理，这就是我们常说的共和，这一年是公元前841年，是中国准确纪年的开始，也被称为共和元年。姬胡再也没能回到王室，他在彘邑待了十四年，最终死在那里。姬胡死后，姬静即位。姬静结束了诸侯共和的局面，王室重新由天王统管。接着，姬静延续姬胡的政策，继续集权。当然，姬胡的手段行不通，姬静选择了另外一套措施——"人口普查"。

● 西周时期的"人口普查" ●

有朋友会问，西周时代的"人口普查"和集权有什么关系吗？是有关系的。

西周时代，天王把土地分封给诸侯，诸侯又分封给大夫，大夫再分给士，士交由附近的平民耕种。这样一系列分封的结果，最顶层的天王并不知道名下有多少民众、有多少田地，收税的时候不知道找谁缴纳、该缴多少；征兵的时候不知道兵源在什么地方，又有多少兵员。天王什么都不知道，就只能依赖下面的诸侯。他们说今年歉收，提供不了兵员、税收，那就是提供不了。所以，"人口普查"是摸清楚手里到底有多少地、多少人，这样才能相应地制定政策，才可以制衡诸侯。

"人口普查"实际上是权力上收的基础措施，但是姬静也就是做到这步而已。

很快，姬静去世了。由于他儿子的昏庸，最终导致西周灭亡。

我们前面说，中兴之君只能弥合暴露的问题，并不能真正地解决问题。姬静虽然恢复了王权，让天王重新管理王室，并且还做了"人口普查"，可是他没有办法真正实现集权，也解决不了王室和诸侯的问题。

时间跨越到了东周。

东周第一任天王是姬宜臼。姬宜臼也想延续姬静的政策，但是他麻烦缠身。姬宜臼东迁洛邑，原来西周镐京附近的诸侯又拥立了一个小天王携王。姬宜臼为了打击携王，不得不依赖晋国、秦国的力量，将镐京一带分封给他们，导致王畿严重缩水。洛邑附近的诸侯不服姬宜臼，姬宜臼又依赖郑国作为打手，压制反对他的人，但也让郑国有机会干涉王室事务。

到了第二任天王姬林的时代，他也想模仿姬静中兴，由天王管理王室。姬林跟郑国一直龃龉不断，他引入虢国制衡郑国，把郑国赶出王室；又趁虢国内部纷争，把虢国赶出王室。最终，姬林做到了姬静时代王室的状态，但是，形势已经发生了改变。

姬静的时代，王畿非常广大，只要内部不分裂，就有足够强大的力量震慑诸侯。姬静搞"人口普查"，是希望统合好王室内部，再来震慑诸侯。但是姬林的时代就完全不同了。东周王室的王畿很小，相对于当时的大国，如齐国、鲁国、郑国等，实力相当，甚至还略有不如。这时候，即使通过"人口普查"，在王室说一不二，甚至集权到极点，又有什么用呢？还是打不过人家。

王室想要震慑诸侯，必须在实力上盖过一头。但是，王室要增强实力，有一个非常尴尬的问题，即分封制对王室权力的约束。分封制让王室缺乏增强之道，没办法变强，但更重要的是，它还使王室不停地变弱，这让王室跟诸侯之间的实力差距越来越大。

分封制是王室制定的，王室作为分封制的守护者、仲裁者，既没有权力收回分封给诸侯的土地，又不方便吞并自己分封的国家。可是，诸侯就不一样了。即使如鲁国这样的国家——看上去是一副斯斯文文的样子，还不是照样今天吞并一个小国，明天吞并一个小国，最终成为地区大国。

王畿周围、洛邑附近，还有很多蛮族。王室可以出兵把这些蛮族消灭，这样地盘也会一点点扩大。但是，王室打得过这些蛮族吗？打不过。王室可以号召诸侯一块儿消灭蛮族，可问题是，把蛮族消灭后，大家怎么分利呢？王室出力少，诸侯出力多，诸侯又是王室的臣子。王室能没有表示吗？打下来的土地一多半分给了诸侯，结果诸侯的力量一点一点侵入王畿，王畿和诸侯间的缓冲地带也没有了，这不是引狼入室吗？王室还可以号召说，我们去打楚国吧，打下来的地盘大家分。楚国那么远，打下来的地盘，王室吃得到吗？王室吃不到。

王室是分封制的倡导者。什么叫分封制？分封制就是，我有十个县，你帮我干活有功劳，我就封给你一个县，他帮我干活有功劳，我又封给他一个县。所以，我的地盘总是不停地被分封出去，不停地在减少。后来，王室对诸侯的影响越来越小，《春秋》记录王室事迹，基本都是内部纷争，要不是争权，要不是争地。到了春秋末年，王室的两个王子争来争去，天王烦了，就把王畿一分为二，一人一半了事。由此，战国时代的周王室就变成了一个小的西周国，一个小的东周国。本来已经很弱了，还要这么分家，又怎么能变强？

最后回到开始那个朋友的问题，周王室有中兴之君吗？

如果从整个周王朝来看的话，王室能称得上中兴之君的，就是西周第十一任天王姬静。从东周以后，虽然历代天王希望延续姬静的政策，但是已经有心无力，王室只能是不停地衰落，永远没有雄起的时候。这和春秋时代很多故步自封、墨守成规、不愿变革的国家，如虢国、虞国是一样的。王室和它们的区别只是面临的境遇更加尴尬而已。

当然，我就这么一说，您就那么一听。

七　年

鲁侯同七年，甲午，公元前687年，周王姬佗十年，晋侯缗十八年，曲沃伯称二十九年，卫侯朔十三年，蔡侯献舞八年，郑伯突十四年，郑伯仪七年，曹伯射姑十五年，齐侯诸儿十一年，宋公捷五年，陈侯杵臼六年，秦武公十一年，楚王熊赀三年，杞靖公十七年，许男新臣十一年。

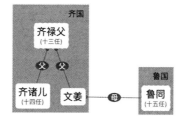

图7　鲁同七年人物关系图

七年春，夫人姜氏会齐侯于防。

这几年，齐国国君齐诸儿可以说是风头正劲，武功甚至盖过了他的父亲齐禄父。

齐禄父当年不过组织了瓦屋之盟调停各方，剩下的都是跟着郑国先君郑寤生打打这儿，打打那儿，为齐国讨取些土地。在吞并纪国的行动上，齐禄父虽然做了很多工作，但最后下手的还是齐诸儿。要知道，纪国和齐国一样都是侯爵级别的国家，吞并纪国等于是齐国灭掉了一个同级别的国家，这在春秋早期是非常难得的。

至于定卫，则完全是齐诸儿的手笔。这是一个胆大包天的行动，直接破掉了王室的底线，最后竟然还取得了成功。

这时候的齐诸儿自然是一副自信满满，踌躇满志的样子。尤其是去年，为了帮文姜讨好鲁同，他故意把从卫国俘获的宝物多给了鲁国一些。如今，齐诸儿要求和文姜会面，除了要显摆自己的牛气，还有些表功的意思在里面。

本年春天，文姜应齐诸儿的要求，在东防和他相会。

夏，四月辛卯，夜，恒星不见。夜中，星陨如雨。

四月初五的晚上，天上的星星突然不见了。接着，后半夜发生了流星雨。按照今天的估算，这次流星雨发生在公元前 687 年，是一次天琴座流星雨。中国所有的古史记录中，流星雨一共被记录 180 次，其中天琴座流星雨约 9 次，这次是所有记录中最早的一次，同时也是世界上最早有关天琴座流星雨的记录。

对流星雨的记录，我们之前也大致讲过，最早的《春秋经》版本把它记录为「雨星不及地尺而复」（《公羊传·庄公七年》）。单是看这几个字，完全不知所云。孔子修《春秋》时改为「星陨如雨」，即使放在今天，也很难找到更好的词汇替代它。

秋，大水。无麦、苗。

本年秋天，鲁国发生大洪水，麦田失收，青苗尽毁，但祭祀用的谷物没有受到影响。

周历的秋天，也就是今天农历的夏天，这个时候麦子已经成熟，遇到大洪水，成熟的麦子全部被冲走了。祭祀所用的小米、黄米等作物还没有长成，幼苗被大水冲过后，仍然可以重新播种。所以，鲁国虽然发生了这么大的灾难，但没有影响到祭祀供应的需要。

古人总是习惯把祭祀看得很重，一旦发生灾难，首先看祭祀是不是能保障，然后才说有没有发生饥荒之类的事情。

冬，夫人姜氏会齐侯于谷。

本年冬天，鲁国夫人文姜在谷邑和齐国国君齐诸儿会面。今年对齐诸儿来说，没什么特别的事情，只能算是灭纪、定卫后的"中场休息"。他养精蓄锐，考虑齐国下一步何去何从。

八年

鲁侯同八年，乙未，公元前686年，周王姬佗十一年，晋侯缗十九年，曲沃伯称三十年，卫侯朔十四年，郑伯突十五年，郑伯仪八年，曹伯射姑十六年，齐侯诸儿十二年，宋公捷六年，陈侯杵臼七年，秦武公十二年，楚王熊赀四年，杞靖公十八年，许男新臣十二年。

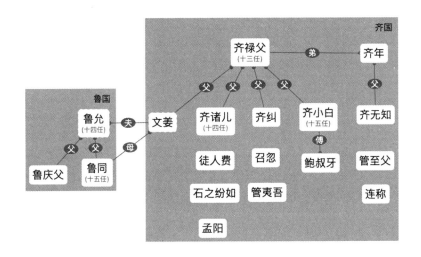

图8　鲁同八年人物关系图

八年春，王正月，师次于郎，以俟陈人、蔡人。甲午，治兵。

今年满二十岁的鲁同，已经从一个毛头小子变成了雄心勃勃的青年。他有心建立功业，于是，将郕国这个周边小国确定为他的第一个讨伐目标。为谨慎起见，鲁同还约了陈国、蔡国作为帮手。

周历正月，鲁同驻军郎邑，等待陈国、蔡国的军队，但是，两国的军队没有如期而至。正月十三，鲁同在太庙练兵。按照当时的习惯，一个国家在正常情况下，每年有四次田猎，每三年有一次大练兵。鲁同在太庙练兵，是符合礼数的。

夏，师及齐师围郕，郕降于齐师。

鲁同联合陈国、蔡国讨伐郕国，却被两个国家放了鸽子。鲁同转而拉齐国助阵，齐国愿意和鲁国亲近，自然一打招呼就来了。问题是，齐国现在声威正盛，一旦加入，鲁国和齐国的主次关系就颠倒了。

本年夏天，鲁国和齐国联军包围了郕国，郕国向齐军投降。

对郕国来说，鲁国、齐国都是大国，但郕国离鲁国近，离齐国远。向齐国投降，齐国没有办法很好地控制郕国，郕国还有机会再复国。如果向鲁国投降，鲁国离得近，那就是扎扎实实地把郕国吞并了。所以，郕国宁可向齐国投降，也不向鲁国投降。由此，鲁同费尽心力组织的行动，到头来白白为齐国做了嫁衣。

鲁国公子鲁庆父跟鲁同一起统军出征，他对齐军接受郕国的投降非常不满，提议直接攻打齐军。

鲁同说："不能这么做。郕国不向我军投降，说明我们德行不够，这跟齐国有什么关系？过错在我，不在齐。《夏书》有云：「皋陶迈种德，德，乃降」(《尚书·大禹谟》，皋陶努力培养德行，有了德行，别人才来投降)。我们姑且撤军，回去勤修德行，以待时机。等我们有了足够的德行，别人自然会向我们投降。"

《春秋》凡提《书》皆指《尚书》。《尚书》中记录夏代的被称为《夏书》，记录商代的被称为《商书》，记录周代的被称为《周书》。鲁同引用的《夏书》是今天《尚书》的一部分。他提到的皋陶是黄帝次子昌意的后裔，生活在尧的时代，曾经被舜任命为掌管刑罚的礼官，以正直闻名天下，最能够代表德行。

在我们今天看来，鲁同虽然说得冠冕堂皇，实际上他畏惧的是齐国的声威。鲁国的实力本来就比齐国弱一些，现在齐国声威这么盛，鲁同向齐国发起进攻，郕国肯定会毫不犹豫地站在齐国一边，如此就变成了齐国加上郕国一起与鲁国对抗。鲁国能得到好处吗？最好的结果也就是打平而已。更何况，鲁国本想吞并别人的土地，最后反而跟盟国打了一仗，这算什么事情？所以，鲁同只能把冲动的鲁庆父压下去，自行撤兵。

秋，师还。

本年秋天，鲁国的军队陆陆续续回国。按照《春秋经》记录的习惯，国君朝见、征伐回国，要祭拜祖庙，犒赏群臣，行饮至之礼。可是，伐郕之战，郕国向齐国投降，鲁国可以说是一无所获，没有饮至之礼，《春秋经》也只能记作「师还」。

尽管出师不利，鲁同能够约束自己，不和齐国硬抗，使鲁军能安全回国，当时的君子都认为他做得对。

冬，十有一月癸未，齐无知弑其君诸儿。

最初，齐国国君齐诸儿派大夫连称、管至父卫戍渠丘，当时正逢七月瓜熟，齐诸儿对两个人说："你们放心去吧，等到来年瓜熟，就派人去接替你们。"

转眼一年过去了，连称、管至父等来等去，没有见到替换他们的人。于是，他们派人去问齐诸儿。齐诸儿本是随口一说，早就忘掉了，自然不会有替换的人。两人又请求齐诸儿派人替换，齐诸儿不同意。于是，两个人对齐诸儿有了怨恨，开始图谋犯上作乱。

要作乱，首先要有目标，杀掉齐诸儿怎么收场？这需要有接替齐诸儿的人选。连称、管至父在鲁国公族里找，还真有这么一个人，他就是齐国公孙齐无知。齐无知是齐年的儿子，齐年则是齐国先君齐禄父的同母弟弟。想当年，文姜出嫁，齐禄父父爱大爆发，他不只亲自把文姜送入鲁国境内，回国后的第一件事就是派齐年到鲁国慰问文姜。可以说，齐年深得齐禄父的信任。也因此，齐禄父对齐无知非常宠爱。齐无知不过是齐国的一个公孙，但他的衣食住行方方面面规格都跟身为储君的齐诸儿一模一样。

齐诸儿对齐无知非常不满，但他隐忍不发，直到即位后，才把齐无知赶出了齐都。齐无知回到封邑渠丘，仿若突然从天堂掉到了地狱，对齐诸儿自然是心怀怨恨。恰好连称、管至父卫戍渠丘，三个人就在一起商量。连称、管至父一心要推举齐无知做齐国的国君，由此，杀掉齐诸儿就被提上日程。

要杀齐诸儿，就必须知道齐诸儿准确的日程安排，这就需要一个内应。连称恰好有一个堂妹在宫中，做齐诸儿的侍妾，不受宠。齐诸儿除了打仗，就是和文姜在一起搞来搞去。当年他娶王姬做夫人，对王姬也没什么热情，何况是连称的堂妹。连称的堂妹不受宠，自然对齐诸儿有怨恨。连称让堂妹监视齐诸儿的一举一动，并许诺说："如果我们成功干掉了齐诸儿，齐无知必然会做国君，那个时候你就是齐国的国君夫人。"这么大的价码开出来，连称的堂妹动心了。

连称、管至父是在外戍守的大夫，手里有兵权。齐无知有齐国公族的血脉，又受先君的宠爱，可以做国君。现在又有了内应，一个政变小组就成型了。

十一月初六，齐诸儿游历薄姑，在贝丘狩猎，碰到一只大野猪。齐诸儿的手下看到野猪，都说："这只野猪真像齐彭生。"

齐彭生是齐国的公子。齐诸儿和鲁国先君鲁允饮宴，齐彭生负责送鲁允回馆驿，结果鲁允不明不白地死在车上。由此，齐诸儿背着天大的丑闻，难受了好几年。如今，连只野猪都和齐彭生有关联，齐诸儿怒不可遏，大喊道："齐彭生，你竟然还敢跑到我面前撒野！"说着搭弓一箭，正中野猪。

野猪身形本就很大，受了箭伤吃疼，两条后腿一用力像人一样站了起来，大声嚎叫。这下反而把齐诸儿给吓着了，他一个不小心从战车上掉下来，摔在了地上，把腿给摔伤了，鞋也不知道丢到哪里去了。

齐诸儿狼狈地回到行宫，正好碰到一个叫作费的侍从。齐诸儿就拿费出气，先是没头没脑地申斥一顿，接着又叫费去把鞋找回来。

　　试想，齐诸儿是去狩猎，满世界找猎物，那么大一片地方，鞋丢到哪里鬼才知道。费找了半天也没有找到，只好回来交差。齐诸儿更生气了，心说："难怪打个猎都这么狼狈，就是因为你们这些人都是饭桶、废物。"于是，他让人拿来皮鞭，抽得费背上全是血道子，然后把费撵出行宫。

　　费一出门正好碰上连称、管至父的乱军。

　　原来，齐诸儿出来打猎，夜宿行宫，正是他防备最松懈的时候。连称的堂妹立即把消息通告给连称、管至父。两人收到消息，立即就组织军队来攻行宫。这些人到了行宫门口，不知道里面什么情况，正在犹豫要不要强攻。恰好费从里面出来。一帮人上前把费抓住，捆绑起来。

　　费问："你们这是要干什么？"

　　乱军说："我们要进去把齐诸儿杀掉。"

　　费说："那太好了，你们把我放开，我帮你们。"

　　乱军不相信费，说："你是从宫里出来的。能在齐诸儿身边的人，肯定是铁杆死忠，怎么能相信你？你跑进去报信怎么办？"

　　费说："你们别说其他的，把我衣服解开。"

　　乱军把费的衣服解开一看，费的背上全是伤。费把经过说了一遍，接着又说："国君平白无故丢了鞋，我不就是找不到鞋吗？用得着这么对我吗？我对国君非常怨恨。你们让我先进去，我在里面找机会给你们打信号，你们看到信号再冲进去，就可以把他干掉了。"

　　乱军想想也是，没人知道我们要来攻打行宫，齐诸儿不可能故意搞苦肉计，于是就把费放了回去。

　　费一进行宫，马上找到齐诸儿说："坏了，外面有乱军要杀您，您赶快找地方藏起来吧。"接着，就帮着齐诸儿躲藏。

　　乱军在外面等了半天，不见有人出来，也不见有信号，就直接杀进行宫。费和侍从石之纷如在大门口抵抗乱军，跟乱军打在一起。无论他们多英勇，毕竟只有两个人，寡不敌众，费被杀死在行宫的大门口，石之纷如被杀死在大殿的台阶之下。

　　乱军杀死两个侍从，继续往里面冲，进入齐诸儿的寝室。他们发现有人躺在床上，就对着床一顿乱砍。揭开被子一看，认识齐诸儿的人发现死的不是齐诸儿。原来是齐诸儿的侍从孟阳看情况紧急，就装成齐诸儿躺在床上以误导乱军，可惜，这个计策没能起作用。

齐诸儿没死，事情就没完，乱军继续在行宫里到处寻找，最终在一扇门下面发现了一对脚，拉开门，齐诸儿就藏在门后。乱军将齐诸儿拉出来杀掉了。

由此，这几年灭纪定卫，风头正劲的齐诸儿就这么莫名其妙地死掉了。

《春秋经》记录此事为「齐无知弑其君诸儿」，特别标明君臣身份，是在彰显齐无知的罪过。

九年

鲁鲁侯同九年，丙申，公元前685年，周王姬佗十二年，晋侯缗二十年，曲沃伯称三十一年，卫侯朔十五年，蔡侯献舞十年，郑伯突十六年，郑伯仪九年，曹伯射姑十七年，齐侯小白元年，宋公捷七年，陈侯杵臼八年，秦武公十三年，杞靖公十九年，楚王熊赀五年，许男新臣十三年。

使用微信扫描以上二维码收听本章音频

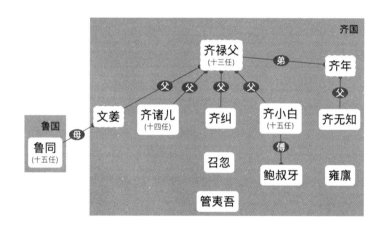

图9　鲁同九年人物关系图

九年春，齐人杀无知。

最初，齐国公孙齐无知被齐国国君齐诸儿赶回渠丘。渠丘虽然是齐无知的封邑，具体事务却是由渠丘大夫雍廪负责。齐无知被贬后，心怀愤恨，对雍廪更是百般羞辱和虐待。

去年，齐国大夫连称、管至父刺杀了齐诸儿，要拥立齐无知为君。齐无知收到消息，立即启程前往齐都即位，还未走出渠丘，就被雍廪袭击身亡。

雍廪杀死了齐无知，他通告齐国执政的大夫说："无知弑君，臣已经将他诛杀。这只是尽为人臣子的本分，并非有意过问国事。请诸位负责国家大政方针的重臣，寻找合适的公子拥立，臣雍廪唯命是听。"

所谓「一人得道，鸡犬升天」（《论衡·道虚》），齐无知即将成为齐国的国君，为他打理封邑事务的雍廪应该是前路大开，要步步高升的时候，怎么会突然将齐无知袭杀呢？由此，我们可以推知，齐无知在渠丘是何其的不得人心。

齐无知连渠丘这么一个小小的地方都管理不好，又如何能驾驭蒸蒸日上的齐国？齐无知之死实是齐国之幸。

公及齐大夫盟于蔇。

去年冬天，齐国国君齐诸儿被杀，齐国内部一片混乱。齐国大夫管夷吾、召忽担心被牵连，就带着齐国公子齐纠流亡鲁国。

齐纠是齐国先君齐禄父的儿子，齐诸儿的弟弟，是齐国潜在的继承人。齐纠的母亲出身鲁国，齐纠又跟鲁国亲近，他的到来对鲁同来说，简直就是"天上掉下来的一块馅饼"。

鲁同即位以来，一直被齐诸儿压着，根本喘不过气。鲁同的父亲鲁允莫名其妙死在齐国时，鲁同刚即位，只能忍；齐诸儿灭亡姻亲国纪国时，鲁同年纪还小，接着忍；二十岁想雄起一把，带兵包围了郕国，郕国却向齐国投降，怎么办？继续忍。如今，齐诸儿死了，齐国乱了，有齐国合法的继承人齐纠在手上，鲁齐话语权落到了自己这边，鲁同终于无须再忍了。

本年春天，杀死齐诸儿的齐国公孙齐无知又被杀。本来在准备送齐纠回国的鲁同，马上派人联系齐国国内的大夫。

对于齐国大夫们来说，最重要的是站在能赢的一方。齐纠有鲁国的支持，成为国君的概率更高，谁不愿意做从龙之臣？由此，鲁同和齐国大夫们在蔇邑（音既）盟誓，约定一起支持齐纠做齐国的国君。

夏，公伐齐纳子纠。齐小白入于齐。

最初，齐国国君齐诸儿即位，政令无常。齐国大夫鲍叔牙说："国君恣意妄为，民众不知所措，国家的混乱就要出现了。"鲍叔牙是齐国公子齐小白的傅，他劝齐小白远离是非之地，由此，齐小白跟着鲍叔牙去了莒国。

如今，鲁同要拥立齐国公子齐纠，自然要预防任何意外。他知道齐小白是齐纠最有力的竞争对手，也知道莒国离齐国近，鲁国离齐国远。所以，鲁同一方面准备军队护送齐纠回国；另一方面让侍奉齐纠的齐国大夫管夷吾劫杀齐小白。

这时候是各为其主，管夷吾毫不含糊，驾着车就去了。在莒国通往齐国的官道上，管夷吾遇到了齐小白。管夷吾想都没想，直接搭弓一箭，射向齐小白。

齐小白也是真有运道，管夷吾的箭恰巧射中他衣服上的挂钩，虽然受了一点儿创伤，但并不严重。齐小白很清楚，管夷吾再来第二箭，他必死无疑。于是，齐小白急中生智，咬破了舌头，一口血喷出来，顺势倒在战车上。

管夷吾以为一箭毙命，便放心地离开了。

齐小白爬起身，催促车队赶快上路。一行人披星戴月，一步不敢延迟地到了齐都。

这个时候的齐都，早已乱作一团，没人知道到底谁会成为齐国的国君。有一人正坚定地等待齐小白的到来，这个人叫作高傒。高傒出身高氏，是齐国公族的旁支。他的祖先是齐国始祖姜尚的六世孙齐赤，齐赤的儿子字子高，后代以祖父的字作为他们的氏，称高氏。高氏和国氏都是历任的齐国上卿，在齐国有相当的地位。

齐小白先入国都，高傒力主齐小白继位。参与蒇之盟的齐国大夫们久等齐纠不到，也没有办法阻止。由此，齐小白就做了齐国的国君。

管夷吾回报齐小白已经被射杀，这让鲁同大大松了一口气。鲁同为齐纠准备好了一切，开始缓缓地向齐国进发，最终比齐小白晚了六天到达齐国。

虽然只差了六天，形势却已经发生了翻天覆地的变化。齐国有了国君，鲁同却没了参与蒇之盟的齐国大夫们的接应。但是，鲁同不甘心。他被齐诸儿压制这么多年，今年总算握有一手好牌，岂能就此功亏一篑？齐小白刚刚即位，地位并不稳固，鲁同决定继续进军，将齐国一举击溃。

可能有的朋友要问，就算齐小白真被射死了，早一天回国早一天安心，齐纠为什么要这么磨磨蹭蹭？

这就是"富家翁"和"光棍汉"的区别。

对齐小白来说，他就是一个"光棍汉"，没有人护送他，没有人支持他，甚至国内什么情况他都不知道。如果不能先跑到国都，一点儿继承国君位置的可能性都没有。

齐纠就完全不一样，鲁同为他安排了一条光明大道，有宣誓要支持他的齐国大夫，有鲁国的军队护送。齐纠要做的就是顺利进入齐国，防止出现意外。比如，路上跑得太急，一不小心马惊了，人被摔坏了，怎么办？又比如，带的人太少装备不齐，碰到车匪路霸，被劫了，怎么办？甚至，某几个齐国大夫不服，带一些人出来作乱，怎么办？一切万全，自然花的工夫就多了。

"光棍汉"一意往前冲，冲到地方为止。而"富家翁"要求万全，一切求稳。求稳，自然慢。

秋，七月丁酉，葬齐襄公。

七月二十四，齐国国君齐诸儿下葬。齐诸儿去年十一月被刺杀，本年七月下葬，前后九个月时间。所谓「诸侯是五月而葬」（《礼记·王制》），很多国君三个月就下葬了，齐诸儿明显是缓葬。之所以缓葬，是因为齐诸儿死后齐国大乱，一直等到当代国君齐小白即位后，才开始着手齐诸儿的葬礼，到这时候已经算是缓葬了。

齐诸儿是一个恣意妄为的人，爱干什么就干什么，既不懂得畏惧，也不接受束缚。齐鲁交好，齐诸儿邀请鲁国先君鲁允到齐国访问，他却和鲁允夫人文姜私通，导致鲁允在齐国暴毙。这么大的丑闻背在身上，齐诸儿仍然我行我素，和文姜同进同出，一点儿不避讳。齐诸儿在郑卫边境，窥探卫国的破绽。郑国国君郑亹好心好意去齐军营中，改善和齐诸儿的关系。齐诸儿随便找了个借口就把郑亹杀掉。齐诸儿高调任免卫国国君，却根本没有考虑过王室的感受，迫使王室即使力有未逮，也要强出头展示立场。甚至，齐诸儿被杀也是因为乱许诺不过脑，承诺七月瓜熟就找人替换，真到瓜熟蒂落，却又转头不认。一切都是齐诸儿性格使然。

即使如此，齐诸儿在位的十二年仍为齐国带来了巨大的利益。他灭掉了纪国，降伏了郕国，为齐国扩张了领土。定卫虽然撕破了王室的脸面，但是提高了齐国的影响力。齐人依照谥法「辟地有德曰襄」（《逸周书·谥法解》）为齐诸儿定谥号为襄，后世则称齐诸儿为齐襄公。

有朋友可能会说，齐诸儿「辟地」没话讲，但他和文姜私通天下皆知，还背负着谋杀鲁允的嫌疑，这样的人也能算「有德」吗？

我们要说，拟定谥号往往选取的是生命中比较美好的部分。齐诸儿安抚纪国的民心，恩葬纪伯姬，对待鲁同也算不错，在齐人看来可以说是小有德行，我们就不必太过较真儿了。

八月庚申，及齐师战于乾时，我师败绩。

八月十八，鲁国和齐国在乾时交战。

乾者，干也。时就是时水，现在也称为乌河或者乌水。因为水色泛黑，也称为黑水。时水有一条支流水量比较小，一到旱季，河道就干涸了，这片干涸的土地被称为乾时。乾时就在齐都附近，齐国自然是精锐尽出，一战打得鲁国丢盔弃甲。

鲁同丧失了战车，换乘传令用的小车逃命，仍然被齐军大队追杀。鲁国两位大夫秦子、梁子打着鲁同的旗号，想从小路走引走齐军，结果全军覆没，两人也被齐国所俘。

九月，齐人取子纠，杀之。

九月，鲁军退回鲁国，齐军尾随其后也进入了鲁国。

齐国大夫鲍叔牙兵临曲阜，没有立即发起攻击，而是向鲁国开出了条件。他对鲁同说："齐纠是亲人，我们不忍心动手，请您代劳。管夷吾、召忽是我们的仇人，寡君对他们恨之入骨，请您把他们交给我，由我带回去给寡君出气。"

鲁同别无选择，他在生窦杀死了齐纠，又将召忽、管夷吾交给齐军。召忽见主君已死，不愿意回齐国受辱，当场就自杀了。管夷吾则沉稳多了，他自己登上囚车，跟着鲍叔牙一起走了。

《春秋经》记作「齐人取子纠」，「取」是得来容易的意思。所谓「十室之邑，可以逃难，百室之邑，可以隐死」（《谷梁传·庄公九年》，十户的村庄，可以让人躲过危难；百户的村庄，可以让人逃避死难），鲁同拥有千乘之国，却让齐人轻易得到齐纠，太可耻了。

这一年对鲁同来说真是大起大伏。

年初是满把的好牌，鲁同还在幻想拥立一个亲鲁的齐国国君。人选有了，齐国国内的内应也有了，准备好了军队，甚至专程截杀了齐小白。谁能想到，一个不留神差了六天，就功亏一篑。鲁同不甘心发动了乾时之战，本来是趁齐小白地位不稳，谁能想到反而是鲁国败得这么惨。可以说，鲁同的野心从春天到秋天，已经完全溃败。

鲍叔牙说齐纠是齐国的亲人，不忍心杀害。齐纠的母亲是鲁国人，齐纠难道不是鲁同的亲人吗？齐国不忍心杀害亲人，鲁同就忍心吗？这就是成王败寇，一战把鲁同给打怕了，再屈辱的条件也不得不接受。

再说管夷吾坐着囚车一路走到齐鲁交界的堂阜，囚车一停，鲍叔牙笑嘻嘻地打开囚车说："戏演完了，出来吧，我带你去见齐侯。"

原来，管夷吾和鲍叔牙从小就认识，还是铁哥们儿。说起来，鲍叔牙认识管夷吾，真是倒了八辈子霉，可是鲍叔牙不在意。

管夷吾和鲍叔牙一起做生意，每次挣了钱，管夷吾都要多分。别人都说，管夷吾是贪财鬼，不讲义气。可是，鲍叔牙知道，管夷吾家境不好，多分钱才能养家。

管夷吾为鲍叔牙办事，办一件砸一件。别人都说，管夷吾就是一个傻子，什么事都办不好。可是，鲍叔牙知道，运气有好有坏，走背运的时候再怎么有才能也没用。

管夷吾做官三次，三次都被人赶出来。别人都说，可以再一再二，哪儿有再三再四的？管夷吾肯定是人品有问题。可是，鲍叔牙知道，管夷吾是生不逢时。

管夷吾去打仗，打三次做三次逃兵。别人都说，管夷吾懦弱，是胆小鬼。可是，鲍叔牙知道，管夷吾有老母在堂，要留着性命侍奉老母。

这次，齐纠、召忽、管夷吾一起逃到鲁国，齐纠被杀，召忽自杀，管夷吾竟然腆着脸活下来。别人都说，管夷吾太不知羞耻。可是，鲍叔牙知道，管夷吾有大志，不以小节为耻，以功名不显于天下为耻。

鲍叔牙故意跟鲁同说，要把管夷吾带回去给国君出气，实际上是保他一命。不仅如此，鲍叔牙一回齐国，就向齐小白举荐管夷吾。他说："管夷吾的才能超过高傒，可以做执政大夫。您如果只是想管理一个齐国，不需要管夷吾，有我和高傒足够了。您如果要雄霸天下，没有管夷吾就做不到。"

齐小白接受鲍叔牙的建议，拜管夷吾为卿大夫，位在鲍叔牙之上。

管夷吾感叹说：「生我者父母，知我者鲍子也。」（《史记·管晏列传》）我们现在有一成语形容两个人关系很好，叫作"管鲍之谊"，说的就是管夷吾和鲍叔牙。

我们再来说说齐小白。

想当年，齐小白为避祸从齐国出走，经过谭国，不受谭国的礼遇，到了莒国，莒国也不待见他。齐诸儿去世后，齐小白赶去齐国争国君的位子。别说没有大国的支持，连莒国都不支持他，更不可能有人帮他阻止对手。他只身上路，受到管夷吾的截杀，险些丧命。抢得国君的位子，靠的是机智和一腔决心。

对管夷吾，齐小白是欲生食其肉。毕竟管夷吾太可恨了，就算是各为其主，有必要箭箭要命吗？可是，鲍叔牙说管夷吾有才，可以辅佐他成就大业，齐小白立即就拜管夷吾为卿大夫，这是何等的度量！

齐小白后来能成为春秋五霸之首，在这个时候已经初现霸气。

冬，浚洙。

乾时一战，鲁同真被打怕了。齐小白刚刚即位，忙于巩固地位，没有和鲁国直接开战。但是，随着齐小白地位稳固，齐国对鲁国的报复随时会来。

本年冬天，鲁同趁着农闲，疏通洙水，希望可以提高鲁国的防御能力。

十年

鲁侯同十年，丁酉，公元前684年，周王姬佗十三年，晋侯缗二十一年，曲沃伯称三十二年，卫侯朔十六年，蔡侯献舞十一年，郑伯突十七年，郑伯仪十年，曹伯射姑十八年，齐侯小白二年，宋公捷八年，陈侯杵臼九年，秦武公十四年，楚王熊赀六年，杞靖公二十年，许男新臣十四年。

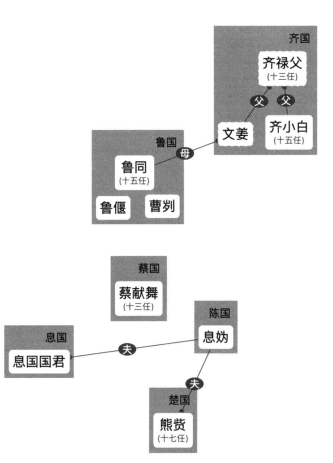

图10　鲁同十年人物关系图

十年春，王正月，公败齐师于长勺。

去年，鲁同野心勃勃要拥立齐国公子齐纠做齐国的国君，最终没有成功。鲁同不甘心，又发动了乾时之战，更是惨败。齐国国君齐小白刚刚即位，地位未稳，虽然要求鲁国杀掉齐纠，但没有对乾时之战报复。

今年春天，齐国讨伐鲁国，以报复乾时之战。

战前，鲁国人曹刿想要求见鲁同。曹刿的同乡说："打仗是肉食者谋划的事情，你多什么事儿？"

● "肉食者" ●

春秋时代物资极度贫乏，一般民众七十岁才有肉吃。普通人只有大节大庆时，才可能吃肉。可是，大夫级别及以上的人一天会屠宰一头牲口。当时没有冰箱可以储存，牲口屠宰了就得马上吃掉。所以，屠宰一般都在早上。春秋时代一日两顿正餐，上午一顿最丰盛，吃新鲜的东西。下午饭吃上午剩下的，残留的部分会留作晚上的宵夜。当然是贵族先吃，吃剩下的再交给他们的随从或士。所以，大夫级别以上的人也就被称为肉食者。

曹刿回答说："肉食者鄙陋，没有远见。别看他们肉吃得多，但他们不会用脑子。"说完，他就去见了鲁同。

曹刿问鲁同："您凭什么打这场战争？"

鲁同说："衣服、食物，这些安身立命的东西，寡人不敢独享，必然要分给众人。寡人不贪图小利，广布恩惠，靠这个来打这场战争。"

曹刿说："这可不行。小恩小惠，再广布能广布到全国吗？民众不会因为一小部分人接受了您的恩惠，就跟随您打仗。"

鲁同说："寡人平日里牺牲玉帛，依礼进献神灵，所有动作不敢超出规定。

寡人以诚心祭祀神灵，就靠这个来打这场战争。"

曹刿说："这也不行。这点儿小诚心，您是做得不错，可形成不了风气。大家不会因为您做得好就都跟着做，神灵更不会因为您就保佑整个鲁国。"

鲁同说："国内大小事务，民众间的各种诉讼、纠纷，寡人虽然没有办法一一过问，但只要经手的事情，就一定会据实而断。"

曹刿说："这才是忠于民事的行为，这仗可以打了。如果要开战，请一定带我前往。"

曹刿问了一个问题，鲁同给了三个答案，只有最后一个回答是曹刿满意的。曹刿认为，分给大家衣服食物，是小恩小惠；诚心诚意祭奉神灵，是小小诚心；能够明断事务，妥善处理民众的纠纷，才是真正地大忠大义于民众的行为。在曹刿看来，给民以饮食，是不够的，给民众以信仰，也不够，只有给民以公道，才会民心所向。

周历正月，鲁齐在长勺开战，曹刿和鲁同同车到了战场。

齐军击鼓准备冲杀，鲁同也想击鼓，曹刿却阻拦说："不行，再等一下。"等到齐兵击鼓三次，曹刿才说："可以了，击鼓吧。"鲁军一击鼓，齐军就败退了。

鲁同想要追击，曹刿又拦住说："不行，让我先看看。"他下车观看齐军车轮的印迹，又站到战车前面的横木上，遥望齐军的旗帜，好一会儿才对鲁同说："可以了，追吧。"于是，鲁军追击齐军，大胜齐军。

战斗结束后，鲁同问曹刿说："您这些举动到底有什么道理？"

曹刿说："战争靠的是士气。所谓一鼓作气，再而衰，三而竭。对方三次击鼓，发现我们这边没动作，他们的士气就下去了。这时候击鼓，我们士气正足，他们却没有士气，自然就能打赢。齐国是大国，行为难测。齐军是退了，但到底是撤退还是败退，有时候不容易看出来，所以不让您追击。我下车看他们的车轮印迹，车轮印非常杂乱，说明他们跑得没有组织，是混乱地往下退。我又登高看他们的旗帜，旗帜东倒西歪。由此，我知道他们是败退，我们追击败退的军队，才不会碰到埋伏。"

去年，鲁国主动进攻齐国，在乾时被齐国大败。今年，齐国主动进攻鲁国，在长勺被鲁国击败。鲁、齐实力虽然有差距，但差距并不是非常明显，鲁国虽然弱，自保之力还是有的。

二月，公侵宋。

鲁同在长勺之战击败齐国，一扫去年乾时大败的阴霾，自信爆棚。鲁同认为，齐小白刚刚即位就吃了败仗，地位有所松动，需要时间稳固权力，一时顾不上鲁国。这时候乘隙扩张，说不定能有意外的好处。

二月，鲁同侵入宋国。

三月，宋人迁宿。

鲁国莫名侵入宋国，宋国并没有立即反击。毕竟，宋、鲁都是大国，宋国不可能一战把鲁国消灭。两国一旦打起来了，绵绵延延，打上多少年都是正常的。宋国有这个工夫，还不如向周边的小国扩张，以得到实实在在的土地。至于鲁国，要到合适的时机再报复，才会更有效果。由此可见，相对于头脑发热的鲁同，宋国更清醒。

三月，宋国攻打宿国，将宿人统统迁走，由此，吞并了宿国。

夏，六月，齐师、宋师次于郎。公败宋师于乘丘。

正月，鲁同在长勺击败了齐国，他预估齐国可能要花一两年的时间调整内部，就趁隙攻入了宋国。没想到，齐国听说鲁国入侵宋国，马上联合宋国一起攻打鲁国。

六月，齐军、宋军侵入鲁国，驻扎在郎邑。

鲁国公子鲁偃说："宋国军队士气涣散，我们可以先击败他们。只要宋军败退了，齐军就不战自退。请下令主动攻击。"

鲁同没想到齐、宋的动作这么快，完全没有了长勺大胜后的气势，他哪儿敢轻举妄动？于是，直接拒绝了鲁偃的建议。

鲁偃坚持己见，他让部众为马匹蒙上老虎皮，装成老虎的样子，偷偷打开鲁国国都的西门雩门，私自攻击宋国的军队。

鲁同本来还在设想退敌之策，忽然有人来报说，鲁偃已经带人去打宋军了。鲁同连忙召集军队，跟随在鲁偃后面出战。鲁军在乘丘和宋军遭遇，大败宋军。宋军溃败之后，齐军也跟着撤退了。

秋，九月，荆败蔡师于莘，以蔡侯献舞归。

最初，蔡国和息国是盟国，蔡国国君蔡献舞和息国国君先后从陈国娶的夫人。息国国君的新夫人叫作息妫。妫是陈国的国姓，息是息国的国名，息妫明显是嫁到息国后才有的称呼，至于出嫁前叫什么，我们不得而知。毕竟，春秋时代的女性多数有姓没名，我们只能用息妫来称呼她。

息妫从陈国嫁去息国，途经蔡国。蔡献舞特别热情，他说："这是我铁哥们儿的新媳妇，还是我的小姨子，我要好好招待。"于是，他将息妫请入蔡国，设宴款待。宴席上，蔡献舞行为轻佻，失了礼数。

息国国君听说蔡献舞那些轻佻的行为，非常愤怒。可是，以息国的实力，不足以教训蔡献舞。息国国君派人对楚国国君熊赀说："请您出兵讨伐我，我会向蔡国求援。蔡国援军来的时候，您可以设置伏兵将他们消灭。"

每个国家都怕楚国讨伐，息国国君却偏要请求楚国讨伐；明明只有蔡国关心他，他偏偏要利用这份关心来坑蔡国。可见，盛怒之下，完全没有理智可言。对熊赀来说，正愁没有目标打击，如今有人帮忙设套，自然不会犹豫。

九月，楚国出兵讨伐息国，蔡献舞亲率大军救援，在莘邑中了楚军的埋伏，被俘虏回了楚国。

蔡献舞和息国国君可谓是春秋时代的两大活宝，这次是息国国君略胜一筹，但蔡献舞也并非没有还手的能力，让我们拭目以待。

冬，十月，齐师灭谭，谭子奔莒。

最初，齐国公子齐小白避难莒国，途中经过谭国，不受礼遇。后来，齐小白做了国君，谭国也没派人庆贺。

十月，齐国灭亡谭国。谭国和莒国是盟国，谭国国君流亡莒国。

齐小白是一个非常务实的人，以他对齐国大夫管夷吾的态度来看，不会因为小恩小怨动辄去灭别人的国家，所以没受礼遇、没来庆贺都是借口。齐国灭谭是因为谭国地处西南要冲，齐国想要称霸，一定要经过谭国才能进入中原，所以不管用什么样的借口，灭亡谭国是势在必行。虽然如此，谭国跟之前灭掉的纪国又有非常大的区别，谭国在非常长的一段时间内都享有特殊待遇。这一点，我们从齐国的货币中可见端倪。

● 谭邦之法化 ●

齐国的货币又被称为法化，传世的齐国法化一共有六种，分别是齐之法化、齐法化、即墨之法化、安阳之法化、齐返邦长法化、谭邦之法化。其中齐之法化、齐法化是以国家的名字命名。即墨是战国时代齐国五都之一，安阳是齐国吞并莒国后创建的都邑。即墨之法化、安阳之法化是以城市的名字命名。齐返邦长法化则是战国初年田氏篡齐时发行的货币。

唯独谭邦之法化比较特殊。

汉代前，国不称国而称邦，相国在汉代以前被称为相邦。汉代为避讳汉高祖刘邦，才把邦改成了国，相邦也就成了相国。所以，谭邦之法化就是谭国货币。齐国吞并了谭国，国内竟然还存有谭国货币，谭国的特殊地位可见一斑。

后世称齐小白「伐谭、莱而不有也，诸侯称仁焉」(《管子·小匡第二十》，讨伐谭国、莱国却不贪图它们的土地，诸侯都认为齐小白是仁善之君)，恐怕也跟齐国对谭国实行的特殊政策有关。当然，齐小白没有把谭国融合到版图中，但作为一个国家的谭国毕竟不存在了，齐国后世之君自然会一点点将它融入齐国的版图里。

十一年

鲁侯同十一年，戊戌，公元前683年，周王姬佗十四年，晋侯缗二十二年，曲沃伯称三十三年，卫侯朔十七年，蔡侯献舞十二年，郑伯突十八年，郑伯仪十一年，曹伯射姑十九年，齐侯小白三年，宋公捷九年，陈侯杵臼十年，秦武公十五年，楚王熊赀七年，杞靖公二十一年，许男新臣十五年。

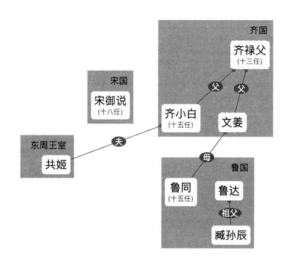

图11　鲁同十一年人物关系图

十有一年春，王正月。

无事发生，《春秋经》照记「春王正月」。

夏，五月戊寅，公败宋师于鄑。

去年，鲁同在长勺大胜齐国，自信爆棚的他莫名其妙地攻打了宋国。宋国联合齐国攻打鲁国，被鲁国发现军容不整。于是，鲁军主动出击，在乘丘击溃了宋军，齐军也因此撤退。

五月十七，宋国为了报复乘丘之役侵入鲁国，鲁同在鄑邑和宋军交战。两军对垒，宋军还没有摆好阵列，鲁军一口气攻上去，击溃了宋军。

《春秋经》记录此事为「公败宋师于鄑」。按照《春秋经》记录的习惯，但凡交战，敌人没能列阵称为「败某师」，两军列阵称为「战」，一方大崩溃称为「败绩」，俘获对方勇士称为「克」，用伏兵击败敌人称为「取某师」，王师战败称为「王师败绩于某」。

秋，宋大水。

本年秋天，宋国发生洪水。

鲁同派人前去吊唁，并且传话说："天降大雨，侵害百谷，影响到贵国对神灵的祭祀。寡人怎么可能不来吊唁？"

宋国国君宋捷回答说："孤不能恭敬地侍奉神灵，才让上天降下如此灾难，还劳烦您忧心，实在是诚惶诚恐，愧不敢当。"

说起来，鲁国夏天刚刚被宋国攻击，可是，看到宋国发生灾难，还派人前去吊唁，这让今天的我们觉得鲁国非常的大度。实际上，这是春秋时代的惯例。

　　春秋时代的战争是贵族的战争，参战的士兵至少是士以上的级别，普通庶民即使想为军队卖命，也根本不被允许。所以，两个国家即使不停地作战，民间却没有什么仇恨。自然灾难是全民的灾难，即使在敌国发生，派人前去吊唁，也是符合礼数的。毕竟需要吊唁的不只是贵族，还有一般的民众。到了战国时代，战争的形式发生了变化。普通民众成了战争的主力，贵族战争也变成了全民的战争。由此，民间出现太多的仇恨和隔阂，冠冕堂皇地吊唁敌国就很难发生了。

　　两位国君你来我往，话说得都非常客气。有人从来往的客套话里，听出了其他的意味，这个人就是鲁国大夫臧孙辰。想当年，鲁国先君鲁息姑（十三任）去棠邑观鱼，鲁国公子鲁彄劝谏他不要前往。这位鲁彄，字子臧，他的后代就以祖父的字作为自己的氏，称臧氏，臧孙辰就是鲁彄的曾孙。

　　臧孙辰感叹说："宋国恐怕要兴盛了吧。禹汤罪己，其兴也勃，桀纣罪人，其亡也速。宋国发生灾难，国君能够以孤自称，合乎礼数。国君依礼自称，说话谦让，国家就要兴盛了。"

　　禹就是我们常说的大禹治水的大禹。他是夏王朝的始祖，他的儿子启就是夏王朝第一任君王。汤是商王朝的开国国君。禹汤的时代，王朝刚刚起步，当然是生机勃勃。桀是夏王朝末代君王，纣是商王朝的末代君王，王朝灭亡在他们手中，当然是其亡也速。臧孙辰认为，禹汤这样贤明的君主，国内出现问题，他们先从自身找问题，这样问题才能被解决，国家才会生机蓬勃。桀纣这些昏君暴君正好相反，一碰到问题，总认为是别人的问题，问题没办法解决，国家也就无药可救了。罪人和罪己就是贤君和昏君暴君的区别，贤君罪己，昏君暴君罪人。

　　诸侯面见天子会以臣或者爵自称。比如，宋捷见天王会自称臣捷或宋公捷。国君见民众则自称寡人。寡人就是寡德之人，寡是少的意思，寡德就是少德，这一种自谦的称呼。意思是说，我这么一个没有德行的人，竟然被民众拥护，我诚惶诚恐。国君的父亲去世，居丧期间自称嫡子孤，嫡子就是儿子，孤是没有父亲的意思，自称嫡子孤，意思是说，我这么一个没有父亲的人，这是在强调对父亲的尊重。国家发生灾难，国君要降服称孤。降服就是降低服饰的规格，平时盛装朝服，这时候要穿白色的素服，称孤则是类比父亲去世，是为灾难中去世的民众服丧。

宋国水灾，宋捷称孤，一方面是遵守传统和礼数，一方面为民众服丧以民为重。臧孙辰敏感地抓住这两条，由此推测宋国即将昌盛，这是春秋一代主流的看法。

没想到的是，更多消息传到鲁国，宋捷称孤的这套说辞不是宋捷自己想说的，而是他的弟弟宋国公子宋御说教他说的。臧孙辰的祖父鲁达评论说："宋御说有体恤民众之心，应该做宋国的国君。"

想当年，宋国内乱，为讨好鲁国把郜大鼎送到鲁国来，是鲁达劝谏不可以把郜大鼎放到太庙里。鲁达评论宋御说的这句话有两层意思，第一层是，宋御说知道称孤和不称孤的区别，说明宋御说以民为本，有做国君的德行。第二层意思则是说，宋捷作为宋国的国君，连称孤都需要别人教，可见有多不称职。再联想到这两年宋国军队连战连败，宋捷的无能不言而喻。如果宋国有正本清源的能力，宋捷迟早是会被更贤能的宋御说替代。

单单一个「孤」字，就能听出这么多的话外之音，可谓是「见微知著，睹始知终」（《越绝书·德序外传记》）。

冬，王姬归于齐。

夏天，宋国讨伐鲁国以报复乘丘之战，齐国并没有参战。这是因为齐国国君齐小白要和王室的联姻，而主婚的是鲁国。

本年冬天，齐小白到鲁国亲迎他的新夫人共姬。

按照当时的习惯，王室和齐国地位天差地别，两方联姻要由王室的同姓国主婚，这次是鲁国。王姬会先送到鲁国，齐国要派卿大夫到鲁国亲迎，齐小白在齐国边境上等待，然后亲迎王姬回齐都。可这一次，齐小白竟然跑到鲁国亲迎，当然不合礼数。更重要的是，如今，齐鲁的关系非常差，说是敌国也不为过，齐小白亲自跑这一趟，说明齐国对鲁国的态度发生了变化。

齐小白是一个非常务实的人，即使险些被管夷吾射死，为了霸业，他仍然可以拜管夷吾为卿大夫。齐国跟鲁国交恶，不过是因为齐国的夺嫡纷争，当时的竞争者齐纠早就死掉了，这件事情也应该翻篇儿了。齐小白这一次借着亲迎共姬，跑到鲁国来，与其是说为了亲迎，不如说是为了表示他的立场和态度。

　　当然，齐国和鲁国都是大国，不是说打就打，说和就和的，这需要一个过程。但是，齐小白通过这次亲迎，已经将自己的立场表达得非常明确了。

正音：宋御说

宋国大水，宋国公子宋御说劝国君宋捷称孤，受到鲁国大夫的好评。宋御说名字中有个"说"字，一般认为应该读作悦。

最初，并没有悦这个字，凡是要用悦都写作说。说者，释也，也就是解释、开解的意思。我把话解释清楚了，你的心思开解了，自然心情也就愉悦了。可以说，说本就可以延伸出愉悦的含义。所以，古代说和悦相通。随着文字的发展，大家觉得，为什么心情愉悦却用一个言字边的说字来表达呢？由此，把言字边换成心字旁就有了悦字。

《论语》有「学而时习之，不亦说（悦）乎？有朋自远方来，不亦乐乎？」，将悦和乐相对。因为学习有所得产生的喜悦，是由内而外的喜悦，与解释、开解的含义连接，所以要用悦。乐者，五声八音的总称，简单说就是音乐的称呼。由音乐引发的喜悦，是由外而内的喜悦。朋友远道而来，对我的影响就如同音乐一样，所以要乐。

最后，再说宋御说的名字。御是驾驭的意思，御说就是驾驭喜悦。这是用吉祥字起名，以春秋时代五种起名方式来说，这种方式叫作义。

当然，我就这么一说，您就那么一听。

十二年

鲁侯同十二年，己亥，公元前682年，周王姬佗十五年，晋侯缗二十三年，曲沃伯称三十四年，卫侯朔十八年，蔡侯献舞十三年，郑伯突十九年，郑伯仪十二年，曹伯射姑二十年，齐侯小白四年，宋公捷十年，陈侯杵臼十一年，秦武公十一年，杞靖公二十二年，楚王熊赀八年，许男新臣十六年。

使用微信扫描以上二维码收听本章音频

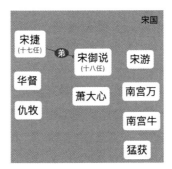

图12 鲁同十二年人物关系图

十有二年春，王三月，纪叔姬归于酅。

三十九年前，鲁国和纪国联姻，伯姬、叔姬两姐妹先后嫁去纪国。八年前，伯姬去世，纪国灭亡，纪国国君「大去其国」不知所踪，甚至伯姬的葬礼还是齐国先君齐诸儿操办的。纪国灭亡后，叔姬回到鲁国暂住，但她和纪国国君的婚姻并没有断绝，只是纪国已经没有了，叔姬只好投靠她的小叔纪季。这位纪国国君的弟弟在灭国前带着酅邑投靠了齐国，算是为纪国保留血脉。

周历三月，纪叔姬从鲁国回到酅邑。

夏，四月。

无事可记，《春秋经》照记「夏四月」。

秋，八月甲午，宋万弑其君捷及其大夫仇牧。

两年前，鲁国和宋国在乘丘作战。宋国猛将南宫万在战阵上和鲁同相遇。鲁同用金仆姑[①]射中南宫万，南宫万从车上掉下来，被鲁同车右歂孙生俘。

战后，鲁同将南宫万带回鲁国，让他住在宫中，没有特别约束他。宋国多次向鲁国请求释放南宫万，经过几个月的交涉，南宫万最终被放回宋国。宋国并没有为难南宫万，仍然让他享有以前的爵禄。

南宫万和宋国国君宋捷的关系不错，经常在一起赌博。有一次，南宫万和宋捷赌博，宋捷的妻妾都在旁边看。两人边赌边聊，就提到了鲁同。南宫万在

---

① 金仆姑：鲁同专用的箭，大概有特殊的修饰。

鲁国公宫住过一段时间，近距离接触过鲁同，宋捷询问他对鲁同的看法。南宫万说："鲁侯的善良，鲁侯的美妙，实在是太突出了。天下诸侯中适合做国君的，恐怕只有鲁侯吧。"

南宫万这话，宋捷就不爱听了。适合做国君的只有鲁同，岂不是我宋捷不适合做国君？要放在平日，宋捷或许还能一笑了之，如今是自己的近臣当着自己的妻妾夸别国的国君，这让宋捷觉得很没有面子。宋捷说："要是放在以前，我敬重你，你说这话我相信。如今，你不过是鲁国的囚犯而已，我已经不敬重你了。鲁侯哪有那么好？不是因为他放你回来，你才这么夸他的吧。"宋捷只是强找面子，在妻妾面前显摆一下，未必真有恶意。南宫万一向以勇猛自傲，被宋捷称呼成囚犯，自然恼怒，由此，对宋捷有了怨恨。

八月初十，宋捷到蒙泽游玩，由南宫万负责警卫。南宫万找机会在行宫内扭断了宋捷的脖子。宋国大夫仇牧听到房间里有动静，以为有贼，就拔出宝剑，进行宫查看，正好碰见刚刚杀掉宋捷的南宫万。

仇牧看到南宫万一身是血，立刻明白出事儿了，他挺剑攻击南宫万。南宫万刚杀掉宋捷，情绪激动，看仇牧挺剑而来。他俯身躲过长剑，一个箭步靠近仇牧，用手摁住仇牧的脑袋，直接拍在大门上。仇牧脑浆迸裂，人慢慢从门边滑下去，牙齿还粘在大门上。

南宫万杀了仇牧继续向外走，在东宫西侧碰见宋国太宰华督。杀一个也是杀，杀两个也是杀，南宫万心一横，又将华督杀死。接着，南宫万就拥立宋国公子宋游做了宋国的国君。

这一下，整个宋国都翻了天。宋国的公子们统统出走，大多数跑去了萧邑，只有宋御说跑去了亳邑。

去年，宋国大洪水，鲁同派人去宋国慰问，就是宋御说教宋捷怎么答复鲁同的使者。鲁国贤臣鲁达由此认为宋御说有体恤民众之心，可以做国君。宋御说在鲁国都能受到好评，南宫万自然忌惮他。南宫万派党羽南宫牛、猛获率军包围亳邑，务必要杀死宋御说。

《春秋经》称南宫万为「宋万」，这是《春秋经》记录的习惯。鲁同以上《春秋经》记录弑君者不称氏，称「宋万」仅表明南宫万出身宋国，而不是鲁国。鲁同以下《春秋经》记录弑君者会称氏。由此我们也可以推断，大夫阶层在鲁同以上还微不足道，在鲁同以下影响力就大多了。

冬，十月，宋万出奔陈。

十月，宋国的萧邑聚集了大量的宋国公子，也聚集了宋国历代国君的族人。萧邑大夫萧大心将宋国十一任国君宋白、十二任国君宋司空、十三任国君宋力、十四任国君宋和、十六任国君宋冯，五代国君的族人全部组织起来，同时从曹国请调了军队，要讨伐南宫牛，救援宋御说。

萧大心的这支军队可谓是聚集了宋国历代国君的怨恨，他们击破亳邑外的叛军，在军中斩杀了南宫牛。和南宫牛一起围攻宋御说的猛获看形势不对，就流亡卫国。萧大心率领群公子会合宋御说，返回宋国的国都，杀死了刚刚成为国君的宋游，又推举宋御说做了宋国的国君。

南宫万发现大势已去，就打算流亡陈国。他准备了一辆大车，把母亲放到车上。因为没有时间张罗牲口，南宫万就自己拉着大车，花了一天的时间徒步跑到了陈国。

从宋国到陈国260里路，光靠跑一天能到陈国吗？

实际上，260里也就是130公里，分到24个小时，每小时的平均速度也就5.5公里。普通人步行一个小时是5公里，5.5公里也就略快一些而已。当然，要保持这个速度连续24个小时，还要拉这么一个大车载着自己的母亲，南宫万确非常人。

南宫万等人闯了这么大的祸，宋国自然不会放过他们。

宋国先向卫国索要猛获。论述起来，卫国常年都是宋国的小兄弟，两国的关系够铁，这点儿小事应该不会有什么问题。可是，猛获这个人，一听名字就知道是猛将，卫国也是珍惜人才，这么一个大猛人跑到卫国来，把他送回去太可惜了。

卫国不想把猛获交出去，卫国大夫石祁子反对说："千万不能这么做。天下的罪人都是一样的。猛获在宋国作了恶，来到我们卫国，就受到保护，这对我们有什么好处？我们得到一员猛将是没错，可是我们失去的是宋国这么一个国家。为了一个人而放弃一个国家，对卫国真的有好处吗？何况，我们为的是一个罪人，放弃的又是这么多年的传统盟国。既不合适又不划算。"

卫国左右权衡，最终还是遵从石祁子的意见，将猛获送回了宋国。

想当年，卫国发生卫州吁之乱，卫国大夫石碏大义灭亲平定内乱，石祁子就是石碏的后世族人。石祁子的父亲石骀仲去世时，没有嫡子，但有庶子六人，于是占卜决定谁做继承人。卜人说："沐浴更衣，身着佩玉，容易得吉。"五个庶子都沐浴佩玉，只有石祁子拒绝，他说："哪有为父亲服丧还沐浴佩玉的？"占卜结果，石祁子吉，当时人以石祁子正心守礼，都认为卜龟有灵选对了人。

宋国又去找陈国，讨回南宫万。鉴于卫国的反应，宋国不再仅靠盟国的情面，而是直接贿赂陈国。陈国二话不说就同意送回南宫万。不过，南宫万是一员骁勇善战的猛将，陈国也很忌讳，怕他在国内再闹出事端。

于是，陈国找了一群美女陪着南宫万喝酒。南宫万刚刚拥立了一个国君，转瞬就变成了过街老鼠，要流亡他国，心情起伏，正是郁闷的时候。有美女相陪，酒自然就喝多了。陈国趁着他酒醉，用犀牛皮把他包裹起来，装上大车送去了宋国。南宫万酒醒后，一路挣扎，等到宋国的时候，手脚已经从犀牛皮里挣脱出来了。如果路再长一点儿，搞不好他就把犀牛皮撕开跑掉了。

最终，宋国将南宫万、猛获剁成肉酱泄愤。

南宫万拉着一辆大车一天就跑了260里，犀牛皮这么坚韧的东西，把他包在里面，竟然手脚还能撑得出来，可见这个人的勇猛。南宫牛、猛获光听名字就知道他们和南宫万一样勇猛，尤其是猛获跑到卫国，卫国甚至有心为他得罪宋国。可以说，这三人都是宋国不可多得的猛将。

宋捷为了搭救南宫万费尽心机，对他不可谓不重视。南宫万回到宋国，宋捷还和他一起赌博，不可谓不亲密。宋捷去蒙泽游历，用南宫万负责安全，不可谓不信任。可是，宋捷一句轻佻的戏言，揭了南宫万的伤疤，迫使三人作乱最终丧命，也让宋国一片混乱。

由此可见，在上位的人，要谨言慎行。从另外一个角度来说，作为地区性强权的宋国乱了，时代的天平开始向新生的霸主倾斜。

十三年

鲁侯同十三年，庚子，公元前681年，周王姬胡齐元年，齐侯小白五年，晋侯缗二十四年，曲沃伯称三十五年，卫侯朔十九年，蔡侯献舞十四年，郑伯突二十年，郑伯仪十三年，曹伯射姑二十一年，楚王熊赀九年，宋公御说元年，陈侯杵臼十二年，秦武公十七年，杞靖公二十三年，许男新臣十七年。

使用微信扫描以上二维码收听本章音频

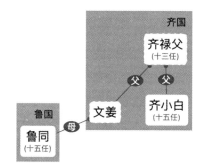

图13　鲁同十三年人物关系图

十有三年春，齐侯、宋人、陈人、蔡人、郳人会于北杏。

去年，宋国大夫南宫万杀掉国君宋捷，导致宋国内乱。宋国五代国君的族人联合平乱，斩杀南宫万，拥立素有贤名的宋国公子宋御说做了国君。本来，首恶已除，宋御说又有广泛的支持，这次内乱已经平息。可有人从中看到了机遇，这个人就是齐国国君齐小白。

齐小白自即位以来，不断审视齐国面临的国际局势。

以前我们经常提到，宋卫集团、郑齐集团，对齐国来说，齐国的传统盟友就是郑国和鲁国。如今的郑国还在对峙之中。郑国国君郑仪有郑突的虎视眈眈，两个人大眼瞪小眼，谁也动弹不得。齐国先君齐诸儿定卫之战，组织了那么多的国家，唯独没有郑国就是这个原因。所以，郑国对齐国来说是一个没有任何用处的盟友。至于鲁国，鲁国因为齐国公子齐纠的事情，和齐小白嫌隙很大。虽然齐小白特意跑到鲁国亲迎，但也只是稳住了双方的关系，要想借此统合鲁国的行动，基本上是不可能的。所以，目前的郑齐集团只有齐国老哥一个而已。

反观齐国称霸的首要对手宋国。宋国仍然保持着影响力，只有卫国因为被齐国拥立的缘故，略微靠向齐国而已。就势力对比来说，齐国想要称霸，压制宋国并非易事。

就在这个时候，宋国发生了内乱，这犹如一块大馅饼从天上掉下来砸中了齐小白。齐小白立即行动，组织诸侯协助宋国平乱。齐小白为了"拉大旗、凑份子"，除了陈国、蔡国这些宋国传统的盟国外，他还邀请了郳国、遂国这样的小国。郳国和宋国历来关系不好，不管出现什么状况，都不会站在宋国一边，这次参与只是帮齐小白敲边鼓而已。

本年春天，齐小白、宋人、陈人、蔡人、郳人在北杏会面，以安定宋国的局面。遂国虽然受到邀请，但没有派人参会。

宋御说作为国君，合法性虽然没有问题，但他刚刚即位，又怎么能跟齐小白抗衡？这一次会议，齐国变成了盟主，在政治上压了宋国一头，陈国、蔡国这些宋国本来的小弟，名义上变成了齐国的小弟，也让宋国吃了一个暗亏。

北杏之会是齐小白九合诸侯的第一会，也是齐小白建立齐国霸权的开始。虽然以当时的形势而论，北杏之会根本没有召开的必要，但它的确为齐国取得了政治影响力上的巨大胜利，是齐小白称霸的第一步。

夏，六月，齐人灭遂。

春天，齐国组织北杏之会，特意邀请遂国参会。遂国自觉实力有限，不愿参与大国纷争，所以没去，这就给了齐国口实。

齐国国君齐小白非常清楚，北杏会议虽然压了宋国一头，但是宋国不服。齐小白需要向诸侯显示权威，最好的办法就是杀鸡骇猴。

六月，齐国灭亡遂国，并且派兵驻守。

秋，七月。

无事可记，《春秋经》照记「秋七月」。

冬，公会齐侯盟于柯。

五年前，齐国内乱，齐国先君齐诸儿被杀。鲁同策划拥立齐国公子齐纠，但被齐小白先入国都，计划失败。鲁同不甘心，发动乾时之战，被齐小白击败。齐小白反击，却在长勺被鲁同击败。鲁国和宋国纷争，齐小白联合宋国讨伐鲁国。鲁国在乘丘击败宋军，齐国也无功而返。由此，齐小白发现不能用武力让鲁国屈服，就打算和鲁国和解。

前年，齐国和王室联姻，鲁国主婚。齐小白刻意跑到鲁国亲迎，表达齐国有心和解的立场。对鲁同来说，齐强鲁弱，和齐国对耗并不符合鲁国的利益。但鲁国和齐国都是大国，谁主动提和解，谁就会被对方占便宜。于是，两个国家都有和解的意图，可也都在等对方先伸手。

到了今年，形势发生了变化，齐小白组织北杏之会压了宋国一头，在声势上开始向霸主迈进。可是，齐小白清楚，北杏之会宋国虽然吃了暗亏，但宋国不服。为了应对宋国可能的挑战，齐小白急于和传统盟友修复关系。郑国反正是废物，什么事儿都干不了；鲁国却是一个需要极力争取的对象。齐小白主动伸出了手，要跟鲁国和解，两个国君一拍即合。

本年冬天，鲁同和齐小白在柯邑举行盟誓，两国总算是和解了。

灭遂，是刚；和鲁，是柔。北杏之会后，齐小白熟练运用刚柔并济的手段，已经完全是霸主的做派了。

番外：何以「纪传」

使用微信扫描以上二维码收听本章音频

柯之盟，鲁齐和解。据说在这次盟会上，发生了一个经典的故事。

会前，鲁国大夫曹子去见鲁同，他问鲁同："这次盟会，您打算怎么做？"

鲁同说："如果要遭受屈辱，生不如死。"

曹子说："那您来对付国君，臣请对付齐国的大臣。"

鲁同说："诺。"

盟会上，鲁同和齐国国君齐小白一起登坛，曹子用匕首劫持齐小白。齐小白的左右非常震惊，谁也不敢轻举妄动。齐国大夫管夷吾问："您有什么要求？"

曹子说："齐强鲁弱，大国侵袭鲁国已经太过分了。如今，鲁国城池损坏，齐国大军压境，您何不再考虑一下。"

管夷吾又问："您想要什么？"

曹子回答说："请归还汶阳之田。"

管夷吾看向齐小白，齐小白允诺。曹子请求盟誓，齐小白就和他盟誓。曹子这才放下匕首，重新回到大夫的队列中。

按照春秋时代的习惯，被挟持下给出的许诺，是可以反悔的。齐小白打算翻脸不认，管夷吾说："不可以。留下这些土地，是小利，失信于诸侯，却是大害。我们不能为小利而得大害，既然说出了口，就只能给了。"

齐小白一想也是，还是将土地还给了鲁国。由此，天下诸侯都以为齐小白诚信，这也为齐小白称霸奠定了舆论基础。

这段故事出自《公羊传》。想当年，孔子的弟子卜商在西河设教，他的弟子公羊高习得《春秋》流传下来，是为《公羊传》。公羊高是齐国人，所以，《公羊传》常有偏向齐国的记录。实际上，从鲁国先君鲁允时起，鲁齐间的交锋大体上处于平手状态。鲁允去世后，文姜通过与齐国先君齐诸儿的关系，协调两国，保护鲁国的利益。所以，齐诸儿在位期间，并没有怎么侵害鲁国。齐小白即位后，鲁齐间发生的几次战争，乾时之战、长勺之战、乘丘之战，可以说是互有胜负，并不存在齐国大胜，占据鲁国多少土地的情况。

劫持齐小白的故事，在战国时代颇为流行。太史公写《史记》，还特意把它记入《刺客列传》。大概太史公也注意到这段故事的漏洞，又在前面补了一段。曹子在柯之盟前跟齐国作战，三战三败。所以，柯之盟时，他用匕首挟持齐小白，要求齐小白把三战丢失的土地归还鲁国。问题是，北杏之会后，齐小白急于与鲁国和解，又怎么会冒险和鲁国开战？这让补充后的故事更为奇怪。

不止如此，曹子到底谁也是疑案。《公羊传》只称「曹子」，没有说明。《史记》则称曹子为「曹沫」，可是《春秋》一经三传中只有曹刿，没有曹沫。后世也有人附会说，其实曹沫、曹刿、曹子就是一个人。但是，这种说法，并不是非常靠谱。

既然如此，为什么太史公这种被我们称作伟大史学家的人物，要把这段故事写入被后世定为正史的大作《史记》之中呢？这里我们要来讲一讲历史是怎么记录的。

纪传志表

我们现在一说历史，大家首先想到的就是被称为正史的"二十四史"或是"二十六史"。"二十四史"也好，"二十六史"也好，都以《史记》为首。因为《史记》开创了中国历史记录的一个体系，这个体系由纪、传、志、表组成。因为主要史料都在纪、传中，也被称为纪传体。当然，跟其他正史不同的是，《史记》还有世家。不过，世家比较特殊，在这里我们先不展开，以后有机会另外开题再讲。

什么是纪、传、志、表？

纪者，别丝也。古代织布，先将竖的丝线一根一根挂上去，称为经；再把横的丝线一根一根垒上来，称为纬。在放置经纬线之前，还有一个步骤就叫作别丝。别丝是将每一根丝线找到头尾，捋顺放好。可以说，别丝是纺织的准备动作，放在历史记录上，可以看作是历史的脉络和框架。太史公用帝王的世系来条理历史脉络，所以《史记》一翻开，先是讲述三皇五帝的《五帝本纪》，紧接着是《夏本纪》《殷本纪》《周本纪》，按着朝代更新的顺序一路记录下去。

传者，传也。帝王世系捋顺了脉络，每一个帝王之下，有无数的贤臣雅士，忠臣良将。太史公通过传讲述他们的故事，以作为大时代的补充。我们现在的人物传记就是从传演化而来的。

志放在我们今天就是专题史，比如中国文艺史、中国电影史、中国服装史，等等。当然，《史记》里不可能有这些，《史记》里面讲的是礼、乐、律、历法等内容。

表就是大事表。《史记》中，各种事件记录在不同的章节中，通过查表，就可以知道事情发生的先后顺序。

纪传体在《史记》中成型，后世史书基本沿用了这套体系，也成为历史记录的主流。与纪传体相对的是编年体，编年体按年记录历史，《春秋》《资治通鉴》都是编年体。

结绳记事

史者，记事者也。记事的方式，一种是口口相传，一种是文字。

相对于我们习惯的文字记录，口口相传才是上古主要的记录方式。毕竟，我们知道的最早的文字是商代的甲骨文，姑且不论甲骨文到底记录了什么。比甲骨文更早的尧、舜、禹以及夏代的事情是怎么记录下来的？那个时代没有文字，还不是靠口口相传。

最早脱离口传的记录据说来自于结绳记事，想必大家也都听过这个词。但是，大家有没有想过结绳怎么记事呢？

两个人见面有些事要谈一谈。一个人从兜里面掏出来一个蝴蝶结说："要跟你说的话，已经结绳记事了，你自己看。"

另一个人拿出一个中华结说："我的回复已经结绳记事，你自己看。"

想象一下那个场景，大概率两个人都傻眼，鬼知道对方要表达什么。

结绳怎么记事？说白了，要有一个事先约定，比如蝴蝶结代表东边来了一头狼，中华结代表西边来了一头羊。有了这样的约定，三个蝴蝶结拿出来就知道是东边来了三头狼。如果两个人事前没做过约定，怎么办呢？这时候就需要派一个知道约定的人，当他看到蝴蝶结，对方不知道什么意思，他可以在旁边做讲解。所以，结绳记事与其说是记事，不如说是为了备忘。我们最早的记录就是这样记下来的，包括一个事先约定好的标记和一个可以讲解标记的人。

慢慢地需要记录的东西越来越多，光靠绳子打结的方式不够用了，就开始用刀刻道。木条上刻一横就代表一，刻两横就代表二，刻三横就代表三，于是，文字就出现了。早期的文字简陋，往往词不达意，还是备忘的作用，需要有专人的讲解。比如《春秋经》，即使经过当时文字水平最高的孔子的修订，今天我们来看，仍然不能完全看明白。所以，才会有用来讲解《春秋经》的"三传"。

传者，传也。"三传"早期没有形成文字，就是靠口口相传。到了战国时代，文字大发展，出来了如《左传》《吕氏春秋》这样的"大部头"，里面所包含的含义相对比较丰富，即使在我们今天看来，也大概可以阅读了。这个时候的文字著作就可以离开讲解人独自存在了。

到了太史公的时代，太史公收集《史记》所需的史料，一方面靠的是春秋时代的《春秋经》、战国时代的《左传》、汉初成书的《公羊传》《谷梁传》等文字记录；另一方面则是口口相传的传说。太史公年轻时随父亲巡游天下，走了很多的地方，就在不停地收集各种各样的传说。

信史与记异

有的朋友可能会疑惑，口传的故事可信吗？如此堂而皇之地记在正史里，是不是有些草率了？

《史记·陈涉世家》里记录了一个故事。

大泽乡起义前，陈胜就是一个帮工。有一次，他跟一起干活的其他帮工说："将来大家谁富贵了，不要忘了互相提携一下。"

其他人都笑他说："你就是一个帮工，你还能富贵？"

陈胜感叹说：「燕雀安知鸿鹄之志哉？」（《史记·陈涉世家》，小麻雀哪里知道大雁的志向）

有朋友说，这条记录肯定是编的。首先，陈胜当时就是一个帮工，怎么可能有史官在旁边记录他说的话？其次，「燕雀安知鸿鹄之志」这种文绉绉的话，以陈胜的文化程度又怎么说得出口？

我们要注意，陈胜瞬间崛起，又快速消亡，既没有显赫的祖先，也没有传承的后代，但太史公把他列入世家，和齐、鲁、宋、郑并列，在孔子之后，可见他在汉代的影响力。当时流传他的事迹必然广，甚至和他沾亲带故的人也会主动标榜。

试想一种可能性，太史公在收集他的故事时，碰到一个和陈胜一起种地的帮工的后人，那人说："我爷爷当年就是跟陈胜一块儿干活的，他那会儿可了不起了。总说他是大雁，我爷爷是小麻雀什么的。"由此，太史公把这个故事记录下来，并做了一些文字的润色。这条记录可信不可信呢？

我们不能根据记录的形式判断一个史料是否可信，口传未必是假，文字记录也未必就真，史料是否可信是需要证据证明的。

但是史料繁杂，又来自各种不同的渠道，难免有对立冲突又没有充足证据分辨的时候，那该怎么处理呢？太史公的选择是记异。

记异就是把每一种说法都保留下来，留给后人分辨。比如，我们前面说到的柯之盟曹子的故事，虽然透着各种不靠谱，太史公还是选择记录了下来。再比如，我们以后会讲到的赵氏孤儿，《晋世家》和《赵世家》明显记录不同，想必是来自不同的信息源，太史公照记。

一部书中同一件事却有不同的记录，难免让读者困惑，为此，后世采用考异的方式。司马光修《资治通鉴》时，将编纂中舍弃不用的材料另外记录在《资治通鉴考异》中，还附带说明问题和谬误，以及修史时取舍的原因。

另一个相反的例子是牧野之战的故事。武王伐商，纣王发动七十万奴隶与武王对抗。两军在牧邑的野外对垒，奴隶大军没有攻到周军就全部倒戈，反而把纣王击败。最终，纣王在鹿台自焚而亡。《尚书》中有一篇叫作《武成》，记录的就是牧野之战的故事，但和我们听到的不大一样。据说《武成》篇写的是两军激战，非常惨烈，甚至到流血漂橹。

孟老夫子读《尚书》读到《武成》篇，不高兴了。他认为，武王伐商是以至仁伐至不仁，是正义攻克邪恶之战，怎么可能有人对抗正义到流血漂橹呢？接着，孟老夫子讲了一句名言，「尽信书，不如无书」（《孟子·尽心下》），然后宣称读《武成》随便读几个字就行，因为它不可尽信。没有儒家的传承，《武成》到晋代就轶失了 [①]。

---

① 也有观点认为，《逸周书·世俘》就是《武成》。

　　我们今天只能听到七十万奴隶倒戈反抗纣王的故事，至于两边激战到流血漂橹，我们就听不到了。虽然，流血漂橹也未必可信，但是我们连分辨的机会都没有了。

　　所以，记异、考异是史学家的严谨，也是对历史长河的敬畏。

　　当然，我就这么一说，您就那么一听。

十四年

鲁侯同十四年，辛丑，公元前680年，周王姬胡齐二年，齐侯小白六年，晋侯缗二十五年，曲沃伯称三十六年，卫侯朔二十年，蔡侯献舞十五年，郑伯突二十一年，郑伯仪十四年，曹伯射姑二十二年，楚王熊赀十年，宋公御说二年，陈侯杵臼十三年，秦武公十八年，杞共公元年，许男新臣十八年。

使用微信扫描以上二维码收听本章音频

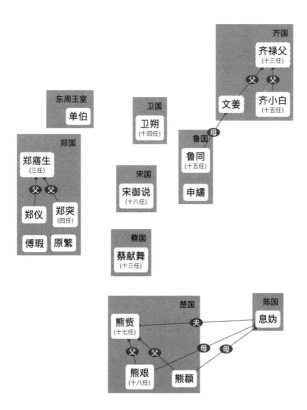

图14 鲁同十四年人物关系图

十有四年春，齐人、陈人、曹人伐宋。

去年，齐国趁着宋国内乱，组织北杏之会，让宋国吃了暗亏。宋国国君宋御说不服，国内一安定，他就背弃了北杏之会。以宋御说的角度来说，背约固然让宋国在政治上陷入被动，但「君子屡盟」，对神灵的盟誓都可以背弃，何况北杏之会只是口头的约定。让宋御说没想到的是，由于他的急于求成，反而陷入齐国的布局之中。

本年春天，齐国联合陈国、曹国讨伐宋国。

夏，单伯会伐宋。

春天的讨伐没有让宋国屈服，齐国国君齐小白开始放大招——他向王室请求援助。想当年，齐国先君齐诸儿定卫，没有事先跟王室通气，导致王室激烈的反应。如今，齐小白主动向王室求援，顾全了王室的脸面，王室自然不会拒绝。

本年夏天，王室派大夫单伯与齐国、陈国、曹国三国联军会合，讨伐宋国。

本来，齐国和宋国两强争霸，什么背信弃义，什么阴谋诡计，可以各执一词，没人敢多说什么。何况，宋国国君宋御说有体恤民众之心，深受各国好评，如今被齐国攻打，总会有人同情。可是，王室一介入，形势马上就发生了变化。宋御说的背约变成了王室定案的罪名，齐国的讨伐变成奉王命讨罪，这对宋国是多大的被动？想当年，郑国先君郑寤生讨伐宋国，用的就是这一手。

宋国在压力下，不得不向联军求和。双方达成和解后，联军撤退。可以说，这次是宋御说操之过急，被齐小白利用，让宋国吃了大亏。

（郑伯突入于郑。）

　　齐国和宋国争霸的同时，雌伏在栎邑的郑突开始行动。郑突攻打郑都，进军到大陵，俘获了郑国大夫傅瑕。傅瑕请求说："您把我放了，我就想办法拥立您做国君。"郑突和傅瑕盟誓后，就释放了他。

　　六月二十，回到郑都的傅瑕杀死郑国国君郑仪和他的两个儿子，然后迎接郑突进入郑都。由此，郑突再次即位成为郑国的国君。

　　郑突做了国君，第一件事情就是把傅瑕抓住杀掉了。傅瑕千算万算，还是漏算了一件事情：想当年，郑国大夫祭足将郑突拥立为郑国的国君，那是多大的功劳，可是转头翻脸，一脚就把郑突踢出了郑国。这件事情，对郑突可以说是刻骨铭心，他怎么可能允许这种事情再次发生？杀掉傅瑕，就是将隐患扼杀在摇篮里。

　　傅瑕有拥立之功仍然不能免罪，这让郑国的大夫们人人自危。大夫们一窝蜂地跑去谄媚郑突，唯恐落于人后，只有郑国大夫原繁对郑突不冷不热。

　　原氏世代为郑国的宗人，负责郑国宗室的牒谱和祭祀。原繁是郑国先君郑寤生时代的老臣，三十八年前，还和郑突并肩作战过。位高权重又有同袍之义，本是郑突拉拢的目标，但是，原繁若即若离的态度却让郑突不满。

　　郑突派人给原繁传话说："傅瑕同时侍奉寡人和郑仪，是个三心二意的小人。周王朝有对付这种人的刑罚，他不过是以罪伏法而已。对于接纳寡人又没有二心的人，寡人都许以高官厚禄，承诺他们做寡人的上大夫。给这些人加官晋爵的事情，寡人愿意和伯父坐下来一起商量。寡人在外的时候，伯父没有给寡人传递过任何消息。如今寡人回国了，伯父仍然没有亲附，这让寡人觉得太遗憾了。"

◆ **伯父、伯舅** ◆

　　按照春秋时代的习惯，天子称呼诸侯，同姓大国为伯父，同姓小国为叔父，异姓大国为伯舅，异姓小国为叔舅。这是因为同姓诸侯都是王室的分支，是有亲戚关系的，如果按家族的谱系算下来，全是叔伯兄弟，所以尊称为伯父、叔父。周人同姓不婚，王室娶妻必然从异姓诸侯国迎娶。也就是说，天子的母亲一定来自异姓诸侯，从母亲这边算，异姓诸侯都是舅舅，所以尊称为伯舅、叔舅。诸侯比天子低一个层次，但情况都是一样的。诸侯称呼大夫，同姓年长的称伯父，同姓年幼的称叔父，异姓年长的称伯舅，异姓年幼的称叔舅。郑突称呼原繁伯父，并不是说原繁是郑突的亲伯父，只是对同姓大夫的尊称而已。

原繁回答说："先君桓公（姬友，始封君）将宗庙石室交给我的先人负责，历代先君都认为原氏忠诚可靠，原繁才能担此重任。国家有君王，却向着逃亡在外的人，还有什么比这更不忠的吗？您现在主持国家事务，哪个民众不是您的臣子？臣没有二心，遵照的是上天的规定。郑仪在位十四年了，那些图谋召您回国的人，难道不是有二心吗？庄公（郑寤生，三任）的儿子还有八人，如果以官爵贿赂大臣就可以成功的话，您又该怎么办？臣已经听到国君的命令了。"

原繁说完这一番话，就在家里上吊自杀了。

在原繁看来，忠于郑国，当然就是忠于郑国的国君。郑仪在位十四年，忠于郑仪当然就是忠于郑国。可是，郑突回国即位，让忠心的含义发生了分歧。因为忠于郑仪，就是不忠于郑突。不忠于郑突，就是不忠于郑国。原繁老老实实做事，自认对郑国的忠心天地可鉴，怎么能接受郑突的质疑？他耻于和那些阿谀奉承的人为伍，不主动亲附于郑突。郑突抱怨他的态度，他就以死明志。

原繁真是一位刚烈的老臣。

六年前，郑国南门外有一条蛇，南门内有一条蛇，两条蛇搏斗，城内的蛇死掉了。

如今，郑突进入郑都，又成了郑国的国君。鲁同就这件事情询问大夫申繻说："城外的蛇打死了城内的蛇，城外的郑突果然也干掉了城内的郑仪。该不会真有妖怪吧？"

申繻回答说："人的吉凶祸福，由自己的品行气质决定。妖由人兴。如果自身没有问题，就算有妖怪也作不了什么乱。如果自己放弃了常规，肆意乱行，那么妖怪就会跟随作乱。郑国正是因为自己肆意乱行，才会出现两条蛇互斗的情况。"

这是《春秋》头一次提到妖怪。申繻的一套话，表明了春秋时代对妖怪的看法。妖怪是跟着人走的，人好，妖怪也坏不到哪儿去，人坏，妖怪就会把坏事做绝。这就好像神灵，人好，神灵自会保佑，人坏，再怎么巴结神灵也没用。

人决定怪力乱神的效果，是《春秋》贯之以始终的理念。

秋，七月，荆入蔡。

最初，蔡国国君蔡献舞因为行为轻佻，轻薄了息国夫人息妫。息国国君非常不满，他请求楚国国君熊赀攻打息国，以便息国向蔡国求援。蔡献舞亲率大军救援息国，反而陷入楚国的埋伏，被俘虏回了楚国。

被俘的蔡献舞非常不甘心，我对你息国不薄啊，你怎么能用这种招数来坑我呢？他想来想去，想出一个反击的计策。蔡献舞在楚国期间，每次见到熊赀，都大肆称赞息妫的美貌。久而久之，熊赀也被说得心动了，他找了一个借口前往息国。

息国国君听说熊赀要来，非常高兴，特别以享礼招待他。熊赀也没有空手来，他带着大量的食物，要感谢息国国君协助俘获了蔡献舞。席间，双方相谈甚欢，忽然，搬运食物的楚人都拿出了兵器，息国由此灭亡。

熊赀带着息妫回到楚国，息妫为熊赀生下两个儿子，熊艰和熊頵。但是，息妫到楚国后，从来不主动说话。熊赀觉得奇怪，就问息妫："为什么你不主动说话？"

息妫回答说："我一妇道人家，却侍奉了两个丈夫。纵然不能以死殉节，又何必多言？"话说得伤感，熊赀也觉得不舒服。他想找人出气，想来想去就想到了蔡献舞。始作俑者不就是他吗？于是，熊赀调动人马准备攻打蔡国。

七月，楚国侵入蔡国。

君子曰："《商书》所谓「恶之易也，如火之燎于原，不可乡迩，其犹可扑灭」（《尚书·盘庚上》），邪恶的蔓延滋长，就像燎原之火一样，靠近都难，何况要扑灭），说的不就是蔡献舞吗？"

想当年，陈国先君陈鲍跟随宋国参与了四国伐郑、五国伐郑。郑国先君郑寤生为了拉拢陈鲍，主动向陈国示好，竟然被陈鲍鄙视。最后，郑寤生奇袭陈国，让陈国大受损失。当时，君子也是引「恶之易也，如火之燎于原，不可乡迩，其犹可扑灭」评价陈鲍。

和陈鲍相比，蔡献舞是有过之而无不及。蔡献舞和息国国君两个人简直就是活宝级的人物，互相坑，坑来坑去得到了什么？是国破家亡。唯一的区别是，蔡国比较命硬，要200年后才会灭亡。

冬，单伯会齐侯、宋公、卫侯、郑伯于鄄。

本年冬天，王室大夫单伯会和齐国国君齐小白、宋国国君宋御说，卫国国君卫朔、郑国国君郑突在鄄邑会面。

单伯是应齐小白的请求，由王室派来协助齐小白的；卫朔是齐国拥立的，本就在齐国这一边；郑突刚刚结束了郑国内部的对峙，自然要靠近传统盟国齐国。鄄之会这阵势，全是齐小白的人。如果说夏天的求和，宋御说还有侥幸之心，那么如今，宋御说是不得不服。

由此，从北杏之会到现在，齐小白只用了两年的时间，就彻底让宋国臣服。

十五年

鲁侯同十五年，壬寅，公元前679年，周王姬胡齐三年，齐侯小白七年，晋侯缗二十六年，曲沃伯称三十七年，卫侯朔二十一年，蔡侯献舞十六年，郑伯突二十二年，曹伯射姑二十三年，楚王熊赀十一年，宋公御说三年，陈侯杵臼十四年，秦武公十九年，杞共公二年，许男新臣十九年。

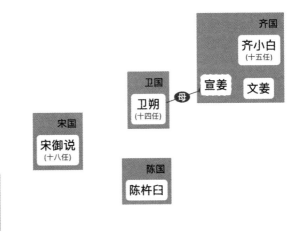

图15 鲁同十五年人物关系图

十有五年春，齐侯、宋公、陈侯、卫侯、郑伯会于鄄。

前年，齐国国君齐小白组织北杏之会力压宋国，宋国国君宋御说不服。去年，齐小白借助王室的权威讨伐宋国，宋国被迫请求和解。去年冬天，齐小白再组织鄄之会，宋御说彻底屈服。去年的鄄之会，有王室大夫在场，齐小白不好摆出霸主的排场。齐小白认为，有必要再次组织盟会确认他霸主的身份。

本年春天，齐小白、宋御说、陈国国君陈杵臼、卫国国君卫朔、郑国国君郑突在鄄邑会面。鄄之二会，可以说是齐小白称霸的开始。

这次会面需要注意的一个小细节，就是诸侯的位次。

齐小白作为盟主，当然要排在最前面；宋御说是公爵，爵位高，排在齐小白之后；郑突是伯爵，爵位最低，排在最后，这些都是传统的位次。有趣的是陈杵臼和卫朔，两个人都是侯爵，爵位相同。按照春秋时代的习惯，爵位相同，王室的同姓国排在前面，以示对王室的尊重。可是，卫国姬姓，陈国妫姓，卫朔却排在陈杵臼之后，这是齐小白有意的安排。

以前我们常会提到宋卫集团、齐郑集团，其实能够在地区称霸的就三个国家：宋国、齐国和郑国。这一次，宋国彻底被齐国打服，变成了齐国的小弟，不再是威胁。郑国以前虽然强悍，但经过这么多年的内耗，郑突上台还没有两年的时间，短时间没有和齐国相争霸的可能。

中原不再有齐国的对手，齐小白开始放眼于天下的局势，南方的楚国才是齐国潜在的对手。陈国恰恰在齐国和楚国之间，齐小白刻意提高陈国的地位，就是利用陈国牵制楚国，或者起码作为齐国和楚国的缓冲地带。

当然，位次涉及脸面，即使齐小白身为霸主，也不方便随意置喙。所以，他找了一个冠冕堂皇的理由，即陈国是"三恪二王"之后，应该给予特别的尊重。

恪就是敬，王指的是帝王。周王朝立国，分封天下，将黄帝的后裔分封在蓟邑，帝尧的后裔分封在祝邑，将帝舜的后裔分封在陈国。蓟邑、祝邑、陈国就是"三恪"之后。将夏王朝的后裔分封在杞国，将商王朝的后裔分封在宋国。杞国、宋国就是"二王"之后。

齐小白要求诸侯尊重"三恪二王"悠久的历史，大家也不好反驳。作为当事人的卫朔本是由齐国拥立，更不敢对齐国说不。由此，这件事情就成了惯例。鄄之二会之前，陈国、卫国同时出现，卫国在前，陈国在后。鄄之二会后，一直到春秋结束，都是陈国在前，卫国在后。

夏，夫人姜氏如齐。

前年，鲁齐达成和解。去年，齐国彻底压服宋国。鲁国夫人文姜敏锐地意识到，齐国已经走上霸主之道。她希望到齐国看一看，了解一下齐国国君齐小白的想法，以便安排鲁国的下一步行动。

本年夏天，文姜前往齐国。

按照春秋时代的习惯，夫人无外交。父母在，还可以回国探视。父母不在了，回国探视需要由卿大夫代理。所以，文姜去齐国毫无疑问不合礼数。但是，文姜自由惯了，谁又能管得了她呢？

秋，宋人、齐人、邾人伐郳。

本年秋天，宋国、齐国、邾国联合讨伐郳国。

郳国是邾国的旁支，十年前曾经朝见过鲁国。郳国大概得罪了宋国，宋国要讨伐他。齐国是宋国的老大，得罪宋国就是得罪齐国，所以，齐国也要讨伐。至于邾国，虽然和郳国同脉相连，但这些年一直受到宋国的压力，不讨伐郳国，恐怕要受到牵连。由此，才有三国的联合讨伐。

郑人侵宋。

宋国出兵讨伐郳国，国内空虚，被郑国看到了机会。本年秋天，郑国乘隙侵入宋国。

看到邻国有破绽,偷偷跑去抢点儿东西,这在过去是非常正常的举动。可是,如今形势发生了变化。齐国是宋国的老大,打宋国一巴掌,就等于打了齐国一巴掌。郑国万万没想到的是,它的这一"正常"举动,为自己捅了马蜂窝。

冬,十月。

无事可记,《春秋经》照记「冬十月」。

十六年

鲁侯同十六年，癸卯，公元前678年，周王姬胡齐四年，齐侯小白八年，晋侯缗二十七年，曲沃伯称三十八年，卫侯朔二十二年，蔡侯献舞十七年，郑伯突二十三年，曹伯射姑二十四年，楚王熊赀十二年，宋公御说四年，陈侯杵臼十五年，秦武公二十年，杞共公三年，许男新臣二十年。

使用微信扫描以上二维码收听本章音频

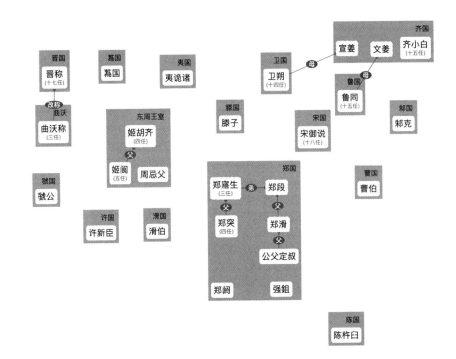

图16　鲁同十六年人物关系图

十有六年春，王正月。

无事可记，《春秋经》照记「春王正月」。

夏，宋人、齐人、卫人伐郑。

去年，宋国讨伐郳国，郑国趁机侵入宋国，捅了马蜂窝。宋国自然要报复郑国，齐国作为宋国的老大要为宋国撑腰；卫国是齐国的铁杆小弟，也来凑份子。

本年夏天，宋国、齐国、卫国联军讨伐郑国。

秋，荆伐郑。

两年前，郑国国君郑突强势回国即位，不知道什么原因，很久之后才把新君即位的消息通告楚国。按照春秋时代的习惯，盟国之间有大事互相通告的义务，不通告就是不把对方当盟国，随时会产生外交纠纷。新君即位这么重要的事情，竟然晚通知楚国，自然引发楚国的不满。恰好，中原诸侯联军讨伐郑国，楚国也跑出来凑热闹。

本年秋天，楚国讨伐郑国，进军到栎邑。栎邑是郑突的龙兴之地，他就是靠占据栎邑，最终夺得国君的宝座。如今，楚国竟然进军到这里，可见对郑国威胁之大。

（郑杀其大夫。）

十九年前，郑国大夫祭足拥立郑突做了郑国的国君。郑突认为祭足对他有威胁，就联合祭足的女婿雍纠，要设计杀死祭足。可是，他们的计划被祭足识破。祭足随手杀掉了雍纠，郑突则被迫离开郑国，这就是雍纠之乱。

两年前，郑突回国复辟，这时候祭足已经去世。郑突先杀了迎他回国的傅瑕，又杀了对郑国忠心耿耿的原繁。接着，齐国国君齐小白称霸，各种外交活动让郑突不得空闲。郑突一方面巩固在国内的势力；另一方面准备对祭足的党羽清算。

一晃两年过去了，如今郑突地位已稳，开始腾出手来清算雍纠之乱。九月，郑突杀死郑国公孙郑阏，砍掉郑国大夫强鉏的脚，驱逐郑国大夫公父定叔。

郑阏就是我们之前讲过的春秋时代第一大帅哥子都。想当年，郑阏和郑国大夫颍考叔争抢战车，没有争过颍考叔。郑阏对颍考叔怀很在心，在战场上暗算他，将颍考叔射死在城头上。郑国先君郑寤生虽然知道事情的前因后果，但因为他太喜欢郑阏了，于是想把这件事情强压下来。郑寤生要求军队将猪、狗、鸡搜集起来，诅咒杀死颍考叔的人，但实际上却让郑阏逍遥法外。如今，终于到了郑阏偿还前罪的时候，真是善恶到头终有报，不是不报时候未到。

强鉏在已知的史料里，事迹非常有限，我们不知道他到底做了什么。一般来说，对国君不敬会有砍脚的刑罚。估计强鉏在郑突流亡时，嘲笑了郑突，所以被郑突清算。君子曰："强鉏当年多光鲜，如今连脚都保护不了。"

公父定叔和郑国颇有渊源。最初，郑国公子郑段和郑寤生争抢国君宝座，郑段失败后流亡到了共邑。他的儿子郑滑背靠卫国继续和郑寤生龃龉不断，公父定叔就是郑滑的儿子。不知道什么时候，公父定叔回到郑国，投靠了祭足，成为祭足的党羽。大概他投靠的比较晚，只属于外围人员，郑突并没有对他施刑，仅仅是驱逐而已。公父定叔被驱逐后，又回到了卫国，毕竟卫国是他父亲的流亡地，熟门熟路。

三年后，郑突后悔地说："不能让段叔在郑国没有后代。"于是，他把公父定叔从卫国召回郑国。有趣的是，郑突要求公父定叔一定要在十月进入郑国，他说："十月是好月份，也是满数。"公父定叔九月被驱逐，十月回来，在外面正好满三年，十又是满数，这时候回来是一个好兆头。郑突希望公父定叔趁着好兆头进入郑国，从此以后能安安分分地在郑国生活。

公父定叔回到郑国，郑段这一支由此得到安定。公父定叔的后人为他请谥为「定」，所以我们才会称呼他为公父定叔。

冬，十有二月，会齐侯、宋公、陈侯、卫侯、郑伯、许男、滑伯、滕子同盟于幽。

去年，郑国趁着宋国讨伐郳国入侵了宋国，为自己惹来了麻烦。先是受到以齐国、宋国为首的联军讨伐，又受到楚国的攻击，郑国不堪压力，决定向齐、宋请求和解。齐国国君齐小白也趁此机会再次组织诸侯盟会。

十二月，鲁同会和齐小白、宋国国君宋御说、陈国国君陈杵臼、卫国国君卫朔、郑国国君郑突、许国国君许新臣、滑国国君、滕国国君在幽邑举行盟会。《春秋经》记作「同盟于幽」，「同盟」不只是说有「盟」，更强调诸侯同心。

齐小白虽然多次组织诸侯盟会，但那些盟会和幽之盟在性质上完全不同。类比今天，前面的盟会只是表达一个意向，虽然也都谈到了精诚合作，但没有法律效应。幽之盟则是签了合同，虽然合同可以撕毁，但签了多少会有约束力。齐小白作为幽之盟的盟主，也意味他正式成为诸侯的霸主。从此以后，我们前面讲的郑齐集团、宋卫集团就不再存在，有的只是这么一长串一长串的名字，以及和齐小白轮流当家的霸主。

由此，真正的霸主齐小白诞生了。

邾子克卒。

本年冬天，邾国国君邾克去世。邾克是《春秋》最早出场的人物，算是我们的老熟人。四十四年前，他与鲁息姑盟于蔑；十七年前，又与鲁允盟于趡。因为没有王室赐命的爵位，《春秋经》皆以字尊称邾克为「邾仪父」。三年前，邾国参与北杏之会，齐国国君齐小白为邾克请命。王室赐命子爵，由此《春秋经》改称邾克为「邾子」。

（王使虢公锡晋侯命。）

本年冬天，天王姬胡齐（四任）派虢公赐命曲沃称为晋侯，允许他组建一个兵团的部队。这也就意味着，曲沃称以小宗的身份正式吞并晋国大宗，以后我们就要称呼曲沃称为晋称了。

想当年，晋国先君晋费生为儿子起名为「仇」和「成师」。晋国大夫师服警告说："把哥哥起名仇，弟弟起名成师，这不是要弟弟代替哥哥吗？"后来，晋成师被分封在曲沃，传到儿子曲沃鳝，又传到孙子曲沃称，前后历经六十七年，终于以小宗灭掉了大宗，真是非常不容易的事情。

至于允许建立一个兵团的武装，这是小国的待遇。所谓「王六军，大国三军，次国两军，小国一军」（《周礼·夏官司马》）。虽然晋国是侯爵国，但在这个时候，曲沃刚刚吞并晋国，在王室的眼中，还只是一个小国而已，所以，王室允许建立一个兵团的部队，只是循例。

（周公奔虢。）

最初，晋国国君晋称讨伐王畿内的小国夷国，俘虏了夷国国君夷诡诸。王畿中另外一个小国蒍国出面请求晋国释放夷诡诸。蒍国国君是王子姬颓的老师，姬颓又受到上任天王姬佗的宠信，所以，蒍国在王室的权势非常大，由他出面，晋国自然会卖面子。

可是，夷诡诸回国后，完全不甩蒍国，也不给蒍国回报。以蒍国的权势，平常人连得罪都不敢得罪，如今他主动帮忙，夷诡诸竟然没有任何表示，这让蒍国非常愤怒。蒍国通告晋国说："和我一起讨伐夷国，得到的土地平分。"于是，晋国和蒍国联军讨伐夷国，杀死了夷诡诸。

东周建立以来，王室的事务由作为卿士的诸侯管理。第二任天王姬林以下，诸侯的力量被驱逐出王室。如今，王室执政的要不是周公，要不就是一些受宠的大夫。这一次执政的是周公周忌父。

周忌父不满蒍国的行为，引发了蒍国激烈的反应。周忌父在王室不能立足，被迫流亡。周忌父这么一流亡，直到下任天王即位的时候才会回来。

十七年

鲁侯同十七年，甲辰，公元前677年，周王姬胡齐五年，齐侯小白九年，晋侯称四十年，卫侯朔二十三年，蔡侯献舞十八年，郑伯突二十四年，曹伯射姑二十五年，楚王熊赀十三年，宋公御说五年，陈侯杵臼十六年，秦伯嘉元年，杞共公四年，许男新臣二十一年，郏子琐元年。

图17 鲁同十七年人物关系图

十有七年春，齐人执郑詹。

前年，宋国讨伐郳国，郑国趁机侵入宋国，随即受到齐国的讨伐。郑国请求和解，齐国在去年为郑国组织了幽之盟。齐国本以为郑国国君郑突会来齐国朝见，但郑突只派了他的儿子郑詹到齐国来。

本年春天，齐国以郑突没来朝见为由，扣押郑詹。

朝见本是两个国君的平等会面，如今已经变成向霸主表现忠诚的手段。郑国如此，参加盟会的国家又有多少真正臣服于齐国呢？恐怕齐国心里也要打个问号，扣押郑詹固然有敲打郑国的意味，又何尝不是在敲打所有幽之盟的诸侯。

夏，齐人歼于遂。

四年前，齐国国君齐小白组织北杏之会，邀请遂国参会。遂国无故缺席，齐小白趁机灭亡遂国立威。遂国灭亡后，齐国派军队在遂地卫戍。

本年夏天，遂地的四个家族因氏、颌氏、工娄氏、须遂氏一起宴请齐国驻军，他们将齐军灌醉后，全部杀害。由此，齐小白吞并遂国所奠定的局面，被翻盘了。《春秋经》记作「歼于遂」，歼是尽、全灭的意思。我们今天讲全歼敌军、歼灭战，仍然保留了这样的含义。

秋，郑詹自齐逃来。

本年秋天，被齐国扣押的郑国大夫郑詹，从齐国偷偷跑到鲁国，希望通过鲁国返回郑国。

郑詹明明知道潜逃必然引发郑齐间的纷争，却不能守节以缓解国难。《春秋经》称他「逃来」，有贬低的意思。

冬，多麋。

本年冬天，鲁国麋鹿成灾，《春秋经》记作「多麋」。按照《春秋经》记录的习惯，东西再多不成灾就不会记录，记录「多麋」就是麋鹿多到成灾的意思。

周历的冬天是今天农历的秋天，正是农田收获的时候。麋鹿增多，跑来跑去，会践踏农田，影响收成，所以在春秋时代，麋鹿成灾，被认为是真正的灾祸。

● 麋鹿 ●

麋鹿是中国特有的物种，《封神演义》里面，姜子牙的坐骑四不像，实际上就是麋鹿。所谓四不像，就是角像鹿，尾像驴，蹄像牛，颈像骆驼，四个部位像四种动物，反过来就是四不像。麋鹿最早发源于长江中下游的沼泽地带，在春秋战国时代常被提到，可见，当时的麋鹿生活范围广大，到处都是麋鹿。后来因为天气人文等各种原因，麋鹿数量大幅减少，到汉代，已经几近灭绝，元朝更是基本没有野生的麋鹿了。麋鹿只在皇家园林里面供贵族们打猎使用。清朝末年，全中国有记录可以查证的，只有北京南海子皇家园林里，还有一群麋鹿。欧洲人到达中国之后，发现麋鹿竟然是教科书上不存在的物种，非常感兴趣。八国联军侵入北京，皇家园林里面的麋鹿，被抢走的抢走，杀掉的杀掉，从此以后，中国麋鹿就彻底灭绝了。

反而在19世纪初，英国通过购买和驯养，储备好几百只麋鹿，麋鹿的物种才算保留了下来。一直到1983年，改革开放后，英国陆续返还了一批麋鹿给中国。中国在1985年、1986年，两次大规模地从英国引入麋鹿，据说到现在，中国麋鹿已经有两千多只。

看一个物种几千年的兴衰，就跟每一个诸侯国的兴衰一样，让人唏嘘。

十八年

鲁侯同十八年，乙巳，公元前676年，周王姬阆元年，齐侯小白十年，晋侯诡诸元年，卫侯朔二十四年，蔡侯献舞十九年，郑伯突二十五年，曹伯射姑二十六年，楚王熊赀十四年，宋公御说六年，陈侯杵臼十七年，秦伯嘉二年，杞共公五年，许男新臣二十二年，邾子琐二年。

使用微信扫描以上二维码收听本章音频

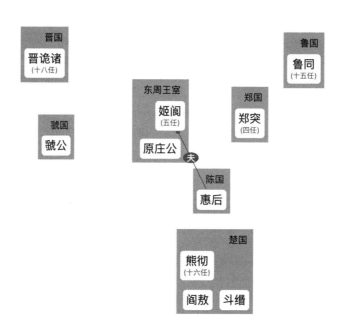

图18　鲁同十八年人物关系图

十有八年春，王三月，日有食之。

周历三月，日食。

按照今天的推算，本次日食发生在公元前 675 年 4 月 15 日 16 时 22 分，是一次日全食，整个中原地区都看得到。《春秋经》仅记录「日有食之」，既没有说是日全食，也没有标识干支和朔日，不知道是记录缺失，还是史官有失。

（虢公、晋侯朝王。）

两年前，晋国曲沃小宗的曲沃称吞并了晋国大宗，我们改称他为晋称。去年，晋称去世，晋称的儿子晋诡诸做了晋国的国君。

本年春天，虢国国君、晋诡诸到王室朝见。天王姬阆刚即位就有同姓国家朝见，自然非常高兴。他用醴款待两位国君，允许两人随意敬酒，还赏赐酬币每人玉五双，马四匹 ①。赏赐的东西虽然不算多，但这是天王的赏赐，虢国国君和晋诡诸也都很高兴。

● 献、酢、酬 ●

古代享礼，先由主人敬酒，称为献，再由宾客回敬，称为酢（音作）。主人自斟自饮，劝宾客饮酒，称为酬。主人酬的同时会赠送礼物给宾客，赠送的礼物被称为酬币。献、酢、酬称为一献，一场享礼可以多至九献。姬阆赏赐的玉、马就是酬币。按照春秋时代的习惯，天王可以给诸侯敬酒，诸侯回敬必须要得到天王的同意。姬阆允许随意敬酒，是为了展示亲和

① 《左传》记作「马三匹」。古「四」字四横，三匹应该是少抄一横导致的错误。

199

力。至于姬阆招待用的醴，由麦芽酿制，据说一个晚上就可以做成。醴的汁和酒糟混在一起，味道比较淡，浑浊且有甜味，在今天也被称为甜酒酿。大家如果想感受一下天王的招待规格，在网上搜索"甜酒酿"就可以。

这次朝见君臣尽欢，但姬阆赏赐的玉、马却不合礼数。天王赏赐诸侯，一定要按照身份地位的不同有所区隔。虢国是公爵国，虢国国君又是王室的卿士，地位比较高。晋国是侯爵国，只被王室承认有一个军团的规格，是小国的待遇。一个是公爵又是卿士，另一个虽然是侯爵却只有小国待遇，这样的两个人赏赐同样的礼物，有欠妥当。

虢国国君和晋诡诸在王室碰到了郑国国君郑突。去年，齐国扣押郑国大夫郑詹，郑突这次来王室有求援的意思。三个国君，两个受了姬阆的赏赐，一个有求于姬阆，三个人一商量，不如为姬阆做点儿事情吧。他们找了陈国，希望从陈国为姬阆迎娶一位夫人。陈国受先王的宠信，和王室关系一向不错，自然不会拒绝。

由此，虢国国君、晋诡诸、郑突三人出面，由王室大夫原庄公去陈国迎娶王后。当然，天王和诸侯地位天差地别，天王娶后由同姓诸侯主婚，新王后在同姓诸侯国中转后，才会进入京师。虢、晋、郑都是王室的同姓国，虽然不知道这次联姻由哪个国家主婚，但三个国家应该都有出力。

姬阆的这位王后出身陈国，被称为陈妫，后世则用姬阆的谥号称呼她为惠后。

《春秋经》没有记录这件事情，是王室没有通告的缘故。

夏，公追戎于济西。

本年夏天，鲁同在济水以西驱逐戎人的部队。

《春秋经》没有记录戎人入侵，是为鲁同避讳。戎人不入侵，又怎么需要鲁同去驱逐呢？可是，戎人入侵意味着作为守国之君的鲁同，没有保护好国家，是失职的表现。淡化负面影响，让正面信息发光发亮，这就是避讳。

至于济水，发源自河南济源王屋山，是著名的风景区，曾经号称"天下四渎"之一，后来被黄河占据部分河道。现在的济水发源地虽然还有水系，但已经不再是"天下四渎"那么高规格的水系了。

秋，有蜮。

本年秋天，鲁国蜮虫成灾。

蜮虫也叫螣，是专门吃植物树叶的害虫，对应现在是什么东西就不得而知了。

冬，十月。

无事可记，《春秋经》照记「冬十月」。

（巴伐楚。）

最初，楚国先君熊彻（十六任）攻克权国，他在权国设县，任命楚国大夫斗缗为权县县尹，管理权县。后来，斗缗据权县作乱，熊彻调动大军包围权县，杀死了斗缗。熊彻担心权县再乱，就把权县的民众迁徙到那处，另外任命楚国大夫阎敖做那处的县尹，管理权人。

十二年前，楚国国君熊赀和巴国一起讨伐申国，不知道什么原因，巴国军队受到了惊吓。由此，巴国开始忌惮楚国，最终背叛楚国。巴国攻打楚国，占领了那处。阎敖仓皇出逃，甚至来不及驾车，就直接跳入涌水游回了郢都。

那处是郢都的门户，那处被攻破让熊赀非常愤怒，他当即杀死了阎敖，由此引发阎敖家族的不满。阎敖家族在郢都起兵作乱。驻军在那处的巴人看到郢都内乱，也趁隙讨伐楚国。

春秋时代人少地多，国家间的纷争很多是为了争抢人力资源。熊彻攻打权国，就是为了抢夺权人。权县不好管理，熊彻可以放弃权县，但不会放弃权人。那处在郢都附近，将权人迁徙到那处，是为了方便监视和管理。权人经历吞并、作乱、被迫迁徙，民心不稳并不奇怪。阎敖接手这个烂摊子，搞丢了固然有失职的部分，但未必就罪无可赦。况且，巴国背叛楚国十二年才攻破那处，未必没有阎敖的功劳。熊赀过激的反应，也让急速扩张中的楚国遭遇了一场不小的波折。

● 郡县 ●

在这里我们要多说几句。熊彻在权国设县，是最早的县制记录，那么县又是什么呢？

县者，悬也，悬而不封的土地就是县。

春秋时代实行的是分封制。天王讨伐四方，得到土地会分封给诸侯；诸侯讨伐敌国，得到土地会分封给大夫。有时候，某块新得的土地因为特殊原因不适合分封，这块土地会由国君直管，这种由国君直管的土地就被称为县。春秋中期，霸主崛起架空了天王；春秋后期，大夫崛起又架空了诸侯。到了战国初年，国君们都在琢磨，为什么国家打下的土地都要分封给大臣呢？大臣们得到了土地，有钱有兵，联合起来岂不是会架空国君？所以，国君们为了集权，不再将土地分封给大臣，而是全部设县。

可以说，春秋时代的县只是一时不方便分封，先挂着等待合适时机再处理。战国时代的县索性就是为了去分封。

去分封做得比较彻底的是秦国。秦国自商鞅变法以后，内部的固有疆土全部设县，新扩张所得的土地才会分封给功臣。毕竟这些土地不见得能保得住，功臣能力强，交给他们经营更有保障。按照秦法，功臣的后代没有功劳，祖上留下的封地就会被收回设县。由此，国君直辖的土地跟着国家的扩张也在扩张，功臣则是一代一代为了获取或保卫外围的土地而拼命。由此，秦国越来越强，最终平灭了六国。

自秦汉以下，中国主要实行的是郡县制。郡是战区，最初设置在国家的外围。因为扩张的需要，一个战区往往下辖数个县，秦王朝建立后，郡就成了一级行政区。一个王朝分为若干郡，郡下又设置若干县，这样整个王朝等于全部被划分成了县。所有的县都由皇帝直辖，等于所有的土地都是皇帝所有，皇帝的权力当然最大。春秋时代动不动可以跟天王掰手腕的诸侯，以及动不动可以和诸侯掰手腕的大夫，在秦汉以下，就再也找不到了。

春秋时代各国都有悬而不封的情况，只是县长的称呼方式不一样。鲁国称县人或县宰，晋国称县大夫。楚国自立为王，楚王直辖的县是公爵级别，所以称县尹或县公。秦末农民大起义，作为起义军首领的项羽、刘邦分别被封为鲁公、沛公，听起来很高大上的样子。其实，他们用的是楚国的爵位。鲁公就是鲁县县长，沛公就是沛县县长，算不上非常显赫的地位。当然，这些都是题外话。

十九年

鲁侯同十九年，丙午，公元前675年，周王姬阆二年，齐侯小白十一年，晋侯诡诸二年，卫侯朔二十五年，蔡侯献舞二十年，郑伯突二十六年，曹伯射姑二十七年，楚王熊赀十五年，宋公御说七年，陈侯杵臼十八年，秦宣公元年，杞共公六年，许男新臣二十三年，邾子琐三年。

使用微信扫描以上二维码收听本章音频

图19　鲁同十九年人物关系图

十有九年春，王正月。

无事可记，《春秋经》照记「春王正月」。

（楚子伐黄。）

最初，楚国大夫鬻拳（音育）对楚国国君熊赀进谏言，熊赀不听。鬻拳一时激愤，拿出兵器对着熊赀挥舞。熊赀害怕了，就接受了鬻拳的谏言。

鬻拳说："作为臣子，竟然用兵器对着国君，没有比这更大的罪了。就算国君不处罚，我又怎么敢逃避？"按照当时的习惯，对国君不恭敬要处以刖刑，刖刑就是砍脚的刑罚。鬻拳回到家，就自己把脚砍掉了。

鬻拳腿脚不方便，楚国就让他做了大阍（音昏）。所谓大阍，就是看守城门的官员，即使腿脚不便也不会妨碍职务。鬻氏为楚王室的分支，也姓芈。所以，大家按同姓大夫称伯的习惯，尊称鬻拳为大伯。

去年，楚国发生内乱，巴国趁隙讨伐楚国。本年春天，熊赀率军迎战巴国的军队，结果在津邑被巴军击败。论述起来，楚国刚发生了内乱人心惶惶，巴国却是有备而来，熊赀战败也算情有可原。可是，当熊赀灰头土脸地走到郢都城下，负责看门的鬻拳不让他进城。

熊赀进不了城，只好再率大军讨伐黄国，在碏陵（音鹊）将黄国的军队击败。熊赀获胜回国，走到湫邑（音剿）病倒，最后被抬进了郢都。

夏，四月。

无事可记，《春秋经》照记「夏四月」。

（六月庚申，熊赀卒。）

六月十五，楚国国君熊赀去世。

熊赀在位十五年，先后吞并了申国、息国、邓国，俘获蔡国国君蔡献舞，可谓功勋卓著。楚人依照谥法「经纬天地曰文」（《逸周书·谥法解》）为熊赀定谥号为文，后世则称熊赀为楚文王。

楚国大夫鬻拳不让熊赀入城，间接导致熊赀去世，鬻拳认为自己有责任，也自杀而亡。楚人将他葬在熊赀陵墓宫殿的前面，并且允许鬻拳的后人世袭他大阍的职务。

君子曰："鬻拳真是忠心爱君的人。劝谏后能对自己施刑，受刑后还不忘劝国君行善。"

春秋时代，一个大臣拿着兵器威逼国君同意他的意见，国君战败就不让入城，君子还认为他忠心爱君。这种行为放在秦汉以下，轻则说他是权臣，重则就是乱臣贼子，这恐怕就是分封制和帝制的区别。

秋，公子结媵陈人之妇于鄄，遂及齐侯、宋公盟。

本年秋天，卫国嫁女给陈国国君陈杵臼做夫人。

按照当时的习惯，两国联姻往往一次会嫁过去好几个，姐姐嫁去做夫人，妹妹嫁去做媵妾。媵者，送也，媵妾就是陪嫁的妾室。如果姐姐早亡，妹妹可以顶上继续维持两国的关系，这是多个姐妹一块儿出嫁的情况。有时候，一个国家没有那么多的女儿，就会请求其他国家送媵妾。周人同姓不婚，媵妾自然要由同姓的国家出。

这次，卫国嫁女，由鲁国出女儿做媵妾，鲁国则派鲁国公子鲁结护送。鲁结一行人去了卫国，和卫国出嫁的女子会合，再一起前往陈国。走到鄄邑，鲁结听说齐国国君齐小白、宋国国君宋御说正在举行盟会。于是，鲁结把护送的任务交给副手，由副手继续送去陈国，自己则代表鲁国出席了盟会。

按照当时的习惯，大夫无外交。鲁结作为一个大夫，是不能决定外交事务的。

国君派他去干什么他就应该去干什么，横生枝权改做其他的事情，是不合适的。当然，如果出现有利于国家或者影响国家巨大利益的事情，大夫可以做权宜之计。鲁结恐怕就是以此为借口，参与了盟会。但问题是，鲁结为了盟会放弃了送媵妾的任务，这是把陈国摆在了可有可无的位置上。他得罪了陈国，为鲁国在今年横生了一些枝枝权权。

夫人姜氏如莒。

本年秋天，鲁国夫人文姜前往莒国。

冬，齐人、宋人、陈人伐我西鄙。

秋天，鲁国公子鲁结送媵妾去陈国，半路开了小差，跑去和齐国、宋国盟誓，由此，得罪了陈国。

本年冬天，齐国、宋国、陈国联合讨伐鲁国西部的边境。

陈国被鲁结羞辱要讨回面子，攻打鲁国并不奇怪。有趣的是，这次讨伐牵头的竟然是齐国和宋国。鲁结开小差可是为了和齐国、宋国盟誓，齐国、宋国秋天刚和鲁结盟誓，冬天就带着人来打鲁国，这可是意味深长啊。

这几年，齐国先后组织北杏之会、鄄之会、幽之盟，统合中原主要的诸侯国。但是，大国之中只有宋国对齐国百依百顺，完全看齐国脸色行事，郑国、鲁国的动向则是不可测的。之前，郑国有些小毛小刺，已经被齐国敲打过了。但是，鲁国在柯之盟上占了便宜，是不是会死心塌地地支持齐国呢？齐国国君齐小白并不确定，他抓住机会敲打鲁国，就是要让鲁国小心点儿，不要老把自己当根葱。

二十年

鲁侯同二十年，丁未，公元前674年，周王姬阆三年，周王姬颓元年，齐侯小白十二年，晋侯诡诸三年，卫侯朔二十六年，郑伯突二十七年，蔡侯肸元年，曹伯射姑二十八年，楚王熊艰元年，宋公御说八年，陈侯杵臼十九年，秦宣公二年，杞共公七年，许男新臣二十四年，邾子琐四年。

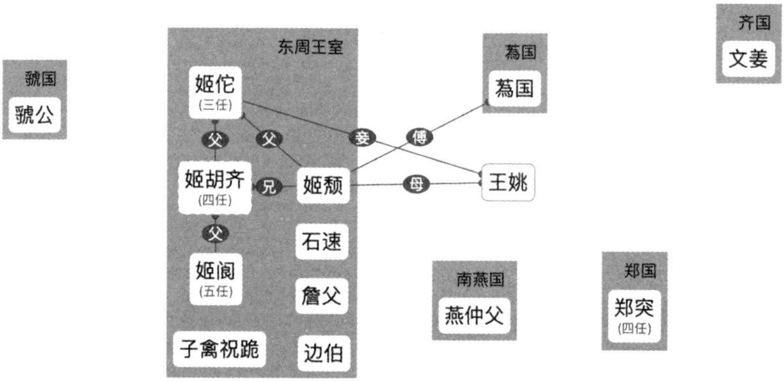

图20 鲁同二十年人物关系图

二十年春，王二月，夫人姜氏如莒。

周历二月，鲁国夫人文姜再次前往莒国。

文姜连续两年前往莒国，虽然《春秋经》有特别记录，但没有详细解释原因，这就让后世纷纷议论。一种说法认为，这是「书奸」，也就是记录文姜的奸情。奸者，犯也，有侵害、违反的意思。按照春秋时代的习惯，女子嫁入国内，父母在，还能回去省亲，父母不在就不再走出国境。况且，文姜去的还是莒国，显然违反礼数。奸也通淫。二十一年前，文姜和她的兄长齐诸儿有私情，导致鲁允暴毙。此后，淫乱这个词一直跟随文姜始终。有人因此认为，文姜跑去莒国淫乱，《春秋经》特别记录。

我们以常理论，文姜嫁入鲁国已经三十五年，去莒国应该是五十上下的人了。古人五十而衰，身体状况自然好不到那里去。事实上，文姜明年就过世了。这样的文姜在国内养几个面首，或许还能说得过去。如果说她特地跑到国外淫乱，未免让人觉得太异想天开。

文姜两次前往莒国到底为了什么呢？我们要先分析一下，鲁国当下所处的国际形势，特别是鲁国和齐国的关系。

鲁齐之间一直是合作竞争的关系。齐国国君齐小白为了建立霸业，向鲁国妥协，鲁齐两国才有了柯之盟，当时是鲁国占了便宜。但是，之后的几年，鲁齐两国并不平静，虽然鲁国认为可以在和解的基础上把关系搞得更紧密一些。可是齐国却时不时敲打一下鲁国，这让鲁国摸不清齐国的战略动向到底是什么。所以，鲁国不自然地转向了传统政策，也就是拉拢齐国附近的小国牵制齐国。

在鲁国先君鲁息姑、鲁允的时代，鲁国通过拉拢纪国牵制齐国，如今纪国已经被齐国吞并，鲁国改而拉拢莒国牵制齐国，也就不足为奇了。拉拢的手段，首推当然是联姻。文姜两次前往莒国，恐怕是为鲁莒联姻在做工作。这段婚姻要在七八年后，才会真正地实施。

（郑伯执燕仲父。）

最初，天王姬佗（三任）宠幸妾室王姚，王姚为姬佗生下王子姬颓。姬颓从小就深受姬佗的喜爱，姬佗还特意指定蒍国做了姬颓的老师。蒍国也因此在王室权势大增，在和王畿内夷国的纠纷中，蒍国因为不服王室执政大夫周忌父的调停，直接导致周忌父的流亡。

蒍国在王室呼风唤雨，没人敢得罪，但权势再大也大不过天王。天王姬阆即位后，扩建存放珍禽走兽的皇家园林，侵占了蒍国的菜园，这可把蒍国得罪惨了。王室大夫边伯的府邸靠近王宫，姬阆扩建王宫，又将边伯的府邸据为己有。此外，姬阆还夺取了王室大夫子禽祝跪、詹父的田地，没收了膳夫石速的俸禄。由此，蒍国、边伯、石速、詹父、子禽祝跪联合起来，准备作乱。

任何的政变首先要有怨恨。姬阆侵占五人的财产，这是怨恨。其次要有目标。蒍国是姬颓的老师，姬颓又是受宠的王子。推翻姬阆，拥立姬颓，这是目标。最后要有外援。苏氏是王畿内的家族，长期跟王室龃龉不断。王室压不住苏氏，索性拿苏氏的封地与郑国交换，虽然没有完全成功，但也削弱了苏氏的力量，让苏氏对王室恨之入骨。五人选择苏氏作为靠山。

去年秋天，五位大夫认为时机成熟，就拥立姬颓，讨伐姬阆，可是没有攻克，只好流亡苏氏的温邑。苏氏也没有力量赶走姬阆，又护送姬颓去了卫国。

说起来，卫国和王室的恩怨也不小。十四年前，齐国先君齐诸儿送卫国国君卫朔回国，王室出面阻止，但没有成功。卫朔回到卫国，为顾及王室的脸面把当时的卫国国君卫黔牟流放去了王室，卫黔牟也因此受到王室的庇佑。如今，王室内乱，让卫国看到了机会。如果能拥立姬颓做天王，不只可以出口怨气，除掉卫黔牟这个祸害也是易如反掌。卫国立即调动军队，联合南燕国讨伐王室。

去年冬天，姬阆被迫流亡，卫国拥立姬颓做了王室的新天王。

本年春天，郑国国君郑突出面调停王室的纷争。姬颓在王室内部有五位大夫的支持，在王室外部又有苏氏、卫国、南燕国的支持，自认为地位稳如泰山，自然不会接受郑突的调停。

郑突虽然调停失败，但他也有自己的招数。他趁着来往沟通的机会，扣押了南燕国国君燕仲父，也算除去了姬颓的羽翼。

夏，齐大灾。

本年夏天，齐国发生大型火灾。《春秋经》记作「大灾」。所谓「人火曰火，天火曰灾」（《左传·宣公十六年》），「大灾」就意味着这次火灾是因为雷电、自燃或者某些未知的原因造成的。正因为原因不明确，灾祸损失巨大，古人把这次火灾看成是上天降下的预兆，高度重视。

（天王出居于栎。）

去年，王室内乱，天王姬阆被迫流亡。本年春天，郑国国君郑突努力调和王室，没有成功。夏天，郑突将姬阆带回郑国，安置在栎邑。栎邑是郑突发迹的地方，安置在这儿，郑突最放心。

秋，七月。

无事可记，《春秋经》照记「秋七月」。

（天王入于成周。）

本年秋天，天王姬阆和郑国国君郑突率军进入邬邑，在没有受到阻拦的情况下，趁势进入成周，将成周储备的宝物统统带回了郑国。

邬邑是苏氏的封邑，王室先王姬林（二任）曾经用邬邑和郑国交换土地。邬邑再向西就是成周。想当年，周王朝初建，周公姬旦为防止商王朝的势力死灰复燃，在洛邑营造新都。由此，王室在今天西安一带的都城被称为宗周，在今天洛阳的新都被称为成周。东周初年，天王姬宜臼（一任）在宗周不能立足，东迁到洛邑，在成周以西修筑新城，是为王城。自姬宜臼以下十一世皆以王城作为王室的都城，以成周作为王室的东都。

姬阆和郑突的突袭是一次试探性的行动，虽然不足以动摇姬颓的根本，却给了姬颓狠狠的一巴掌。他们进入成周如入无人之境，财宝祭器想搬走就搬走，凸显了当下王室的虚弱不堪。

冬，齐人伐戎。

本年冬天，齐国讨伐戎人。现在的齐国已经是真正的诸侯霸主，但是戎人对它的威胁并没有结束，在很长一段时间里，齐国一边要撑着霸主的脸面，一边还要讨伐附近的戎人。

（颓享大夫于京师。）

本年冬天，姬颓以天王的身份宴请有功之臣，与蒍国、边伯、石速、詹父、子禽祝跪五位大夫欢聚一堂。姬颓一高兴，就把所有的乐曲全部演奏了一遍。

● **"六代之乐"** ●

古代有所谓"六代之乐"，传说黄帝有《云门》《大卷》，帝尧有《大咸》，帝舜有《大韶》，夏禹有《大夏》，商汤有《大濩》，周武王（姬发）有《大武》。"六代之乐"虽然称为乐，实际上以舞蹈为主，分别用于祭天、祭地、祭四望、祭山川、祭先祖之母、祭先祖，少有全部演奏的场合。

郑国国君郑突听说这件事情，马上去见虢国国君。他说："寡人听说，悲伤和欢乐不合时宜，就会产生灾祸。如今，姬颓莺歌燕舞没有节制，这是把灾祸当成了快乐。正常的情况下，司寇依法诛杀罪犯，国君还要为之不举，又怎么敢把灾祸当成快乐享受呢？姬颓谋篡王位，还有比这更大的灾祸吗？灾祸面

前忘记了忧虑，忧虑的事情就会真正发生。我们何不趁这个机会将天王送回王室呢？"

● "三举"与"不举" ●

春秋时代，天子、诸侯、大夫吃饭称为"举"，士、庶人吃饭称为"食"。规格上，天子用太牢，即牛、羊、猪三牲；诸侯用特牛，只有牛；卿用少牢，即羊、猪两种；大夫用特牢，只有猪；士用鱼炙，也就是烤鱼吃。每逢祭祀日，规格要加等，天子用会，即太牢加四方的贡品，诸侯用太牢，卿用特牛，大夫用少牢，士用特牛。古代一日两餐，上午一餐，下午一餐，贵族晚上会有宵夜，但不算正餐。因为没有冰箱储存屠宰后的牲口，所以一天之中，上午最重要。一般牲口的屠宰都在早上，上午吃的是最好最新鲜的肉，下午吃的是上午剩下的。由于一天屠宰一次，也被称为"一日一举"。斋戒日比较特殊，早中晚要三次杀牲以供奉神灵，也被称为"三举"或"斋日三举"。

天子、诸侯、大夫这些贵族每日杀牲，被称为"肉食者"，用来称呼他们吃饭的"举"也衍生出盛宴的意思。既然是盛宴，自然会有配乐。所以，碰到灾难的时候，往往是降服、不举、撤乐，也就是脱去华丽的衣服、撤掉丰盛的饮食、不听音乐。

郑突认为，依法杀人都要"不举"，姬颓犯下滔天大罪却还在享乐，王室必然人心涣散。何况，秋天的试探已经证明姬颓无法有效统御王室，当前正是击破他最好的时机。

虢国国君深以为然，他说："这也是寡人的心愿。"

由此，郑国和虢国联合起来，准备送天王姬阆回王室。

二十一年

鲁侯同二十一年，戊申，公元前673年，周王姬颓四年，周王姬阆四年，齐侯小白十三年，晋侯诡诸四年，卫侯朔二十七年，蔡侯肸二年，郑伯突二十八年，曹伯射姑二十九年，楚王熊艰二年，宋公御说九年，陈侯杵臼二十年，秦宣公三年，杞共公八年，许男新臣二十五年，邾子琐五年。

齐国
文姜

虢国
虢公

东周王室
姬胡齐
(四任)
父　兄
姬阆　姬颓
(五任)
原庄公

郑国
郑突
(四任)
父
郑捷
(五任)

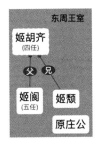

图21　鲁同二十一年人物关系图

二十有一年春，王正月。

无事可记，《春秋经》照记「春王正月」。

（虢公、郑伯胥命于弭。）

前年，王室王子姬颓联合五位王室大夫将天王姬阆驱逐出王室。去年，郑国国君郑突为姬阆和姬颓交涉，被拒绝。姬颓不只不做戒备，还和支持他的五位大夫，每天莺歌燕舞，让郑突发现了破绽。郑突立即联合虢国，准备送姬阆回王室。

本年春天，郑突和虢国国君在弭邑胥命。相对于歃血的盟誓，胥命就是口头约定。

夏天，郑突和虢国国君联合攻打王城。姬阆跟随郑突从王城的圉门①进入，虢国国君则从王城的北门进入，南北夹击，杀掉了姬颓以及作乱的五位大夫，可以说是一举平乱。

王城被攻克，郑突在宫门西侧的城楼上宴请姬阆，六代之乐齐备。姬阆一高兴就把虎牢以东的土地赏赐给了郑国。想当年，郑国帮着先王姬宜臼（一任）东迁洛邑有功，姬宜臼将虎牢以东的土地赏赐给郑国。但是，郑国先君郑寤生（三任）去世后，郑国内乱不断，这块土地不知被谁给占去了，如今，姬阆再次明确这块土地属于郑国。当然，王室赐地只是在地图上画个圈，能不能真得到，还要看郑国的实力。

郑突又向姬阆请求器物，姬阆赐给了郑突王后的鞶鉴。所谓鞶鉴就是镶有铜镜的大带，一般缠在腰上作为装饰。

---

① 王城南门外有圉泽，所以南门也被称为圉门。

由此，历时两年的王室内乱最终被平定，郑国作为主要出力者，也得到了好处，似乎皆大欢喜。可是，王室大夫原庄公却评论说："郑突和姬颓没什么差别，估计不会有好下场。"

姬颓每天莺歌燕舞，郑突说他把灾难当成快乐享受，结果姬颓被击杀。内乱是王室的灾难，姬阆应该不举、撤乐、降服，以不谷自称。可是，郑突却拉着姬阆参加宴会，还歌舞齐备，这不跟姬颓一样吗？更讽刺的是，宴会在宫门的城楼上举行。春秋时代，天子、诸侯修建宫门，要先建一个平台，然后在平台上起门，所以宫门也被称作台门，也就是台上之门的意思。台门两侧会有城楼，城楼上可以住人。登上城楼，可以远观，所以两个城楼被称为双观。人臣至此，要思考德行的缺失，所以也称为双阙。郑突在自省缺失的地方，把灾难当成了快乐享受，又会有什么好下场呢？这就是原庄公的逻辑所在。

夏，五月辛酉，郑伯突卒。

五月二十七，郑国国君郑突去世。

（王巡虢守。）

本年夏天，天王姬阆到虢国视察，虢国国君特意在玤邑（音棒）为姬阆建筑行宫。

姬阆对虢国国君的安排很满意。他认为，虢国国君有功于王室却不居功，举止恭敬而合乎礼数，就将酒泉的土地赏赐给虢国国君。酒泉当然不是我们今天作为卫星发射中心的那个酒泉，那么到底是什么地方，史文无载。不过，玤邑在今河南渑池县，附近的仰韶乡有醴泉，数千年来皆被用来酿酒，或许当时被称为酒泉。

虢国国君又向姬阆请求器物，姬阆赐给他一个酒杯。

这个时候，郑国国君郑突已经去世，郑突的儿子郑捷做了国君。郑捷听说了这件事情，对姬阆非常不满。他认为，郑突和虢国国君共同送姬阆回王室，郑国不敢自居首功，但功劳起码也应该和虢国一样。可是，姬阆赏赐郑突鸾鉴，却赏赐虢国国君酒杯，这明显是看不起郑突。

● 酒杯和鸾鉴 ●

酒杯和鸾鉴到底有什么区别呢？

其实，天王的赏赐不在物件本身的价值，而在于是否可以展示荣耀。用白话讲，就是能向多少人吹嘘、显摆。鸾鉴属于衣饰，只能由郑国夫人穿戴。夫人无外交，即使是国内事务参与得也有限。显摆的范围只能是和大夫妻子们的互动。酒杯就完全不同。酒杯属于是祭器，可以安置在祭庙里，每当国家举行祭祀活动，都可以拿出来展示。别国来朝见的国君、来聘问的大夫往往也会参与祭庙的活动，由此，酒杯显摆的范围就要大得多，自然价值也高。

郑捷不甘心父亲受到不公正的待遇，开始对姬阆心怀怨恨。

在这里，我们要替姬阆喊一句冤。

姬阆即位时，虢国国君和晋国国君晋诡诸到王室朝见。姬阆给的赏赐一人一份，是一样的，结果被人说不合礼数。虢国国君身份高，晋诡诸身份低，怎么能给身份高的人和身份低的人一样的赏赐呢？如今，虢国国君身份高，郑突身份低，姬阆给的赏赐不一样，又被郑捷怨恨，天王太难了。

秋，七月戊戌，夫人姜氏薨。

七月初五，鲁同的母亲、鲁国先君鲁允的夫人文姜去世。

冬，十有二月，葬郑厉公。

十二月，郑国国君郑突下葬。郑突五月二十七去世，十二月下葬，所谓「诸侯五月而葬」（《礼记·王制》），郑突八个月才下葬，可谓缓葬。

郑突的一生可以说是命运多舛、起伏不定。年轻时，郑突在对戎人的作战中，展示出他的眼光、见识以及军事才能。本来，郑突应该作为一名将才，纵横在沙场之上。可是，他莫名其妙地被拥立为郑国的国君，又莫名其妙地在政争中被驱逐，夺嫡的血腥改变了郑突的一生。郑突在栎邑经过多年的隐忍，最终抓住机会回国复位。一回国，就大开杀戒，让郑国一片血腥。

郑突先杀掉了郑国在任的国君郑仪，杀掉了郑仪的孩子，杀掉了接引他进入郑国的傅瑕，杀掉了郑国的忠臣原繁，杀掉了祭足的党羽郑阏，砍掉了另外一个党羽强鉏的脚。郑突为王室平定内乱，杀掉了王子姬颓，杀掉了作乱的五位王室大夫。可以说，郑突是一路杀戮而来，聚集了大量的怨恨。郑人依照谥法「致戮无辜曰厉」（《逸周书·谥法解》）为郑突定谥号为厉，后世则称郑突为郑厉公。

在今天的我们看来，即使是葬礼也处处透着蹊跷。

首先是定谥。虽然，春秋时代的谥号基本可以显示一个人的功过，但大多数时候，为有功有过的人定谥还会尽量倾向于功的部分，避开过的部分。所以，春秋时代定恶谥的君主并不是很多。恶谥又以「灵」和「厉」最为突出，郑突的谥号竟然被定成了「厉」。在郑突身后继位的是他的儿子郑捷。天王姬阆赏赐郑突和虢国国君，一个给了鬶鉴，一个给了酒杯，就因为这么一点区别，郑捷就为郑突抱不平，怨恨姬阆。这样的郑捷又怎么会允许别人给郑突定恶谥呢？

其次是缓葬。春秋时代，诸侯五月而葬。郑国是新兴国家，喜欢赶时髦，一般三个月就下葬了。郑突去世后，郑国没有特别的危机，为什么下葬却历时八个月？

最后，《春秋经》没有记录郑突下葬的准确日期。按照《春秋经》记录的习惯，超过五个月才下葬的诸侯因为怠慢或其他特殊原因，导致下葬时间一变再变，为防止错记，《春秋经》会把具体时间抹去，不再记录。那么，为什么郑突下葬的时间会一变再变呢?

我们猜想,郑捷在定谥的问题上,必然和要定恶谥的人有一番激烈的争论。谥号定不下来,人就没办法下葬,所以下葬时间一改再改。可是,郑捷最终也没能压制郑人对郑突的怨恨。他计较鬺鉴和酒杯,或许是希望能为郑突做些补偿吧。

(王归自虢。)

本年冬天,天王姬阆从虢国回到了王室。

二十二年

鲁侯同二十二年，己酉，公元前672年，周王姬阆五年，齐侯小白十四年，晋侯诡诸五年，卫侯朔二十八年，蔡侯肸三年，郑伯捷元年，曹伯射姑三十年，楚王熊艰三年，宋公御说十年，陈侯杵臼二十一年，秦宣公四年，杞惠公元年，许男新臣二十六年，邾子琐六年。

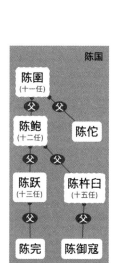

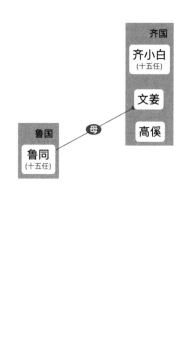

图22　鲁同二十二年人物关系图

二十有二年春，王正月，肆大眚。

去年，鲁同的母亲文姜去世。文姜生前颇多争议，到底以何种规格下葬，也讨论至今。论述起来，鲁同是《春秋》所记录的鲁国十二位国君中唯一一个以嫡长子身份继承国君的人，换句话说，文姜是十二代国君中唯一一个既是上代国君夫人，又是当代国君母亲的人。不论是国君夫人，还是国君母亲都能以夫人规格下葬，文姜拥有双重身份却不可以，因为她有罪。

早在二十二年前，文姜和她的兄长齐诸儿有私，导致鲁国先君鲁允暴毙。虽然没有证据显示文姜有参与策划，但她的行为导致鲁允暴毙是毫无疑问的，所以文姜有罪。按照春秋时代的习惯，国君夫人有罪，就不能以夫人的规格下葬。

鲁同不希望降低母亲葬仪的规格，就需要赦免她的罪过，但是，公开赦免反而会彰显过错。所以，鲁同打算在鲁国举行大赦，为葬礼扫清障碍。

周历正月，鲁国举行大赦。《春秋经》记作「肆大眚」，「肆」者，缓也，「眚」者，过也，缓纵大过就是赦免罪过的意思。

癸丑，葬我小君文姜。

正月二十三，文姜下葬。文姜去年七月初五去世，本年正月下葬，所谓「诸侯五月而葬」（《礼记·王制》），文姜七个月才下葬，明显是缓葬。所谓国君称君，国君夫人称小君。《春秋经》记录此事为「葬我小君文姜」，称「小君」就是说文姜是以夫人规格安葬的。文姜牵涉鲁允暴毙的疑云，是否应该以夫人规格下葬本来颇有争议，鲁同以大赦解决了这个障碍，但也导致了缓葬。

文姜从小受到父亲齐禄父的宠爱，年轻时和兄长齐诸儿有私情，后来嫁给鲁允，为鲁允生下了鲁同。二十二年前，文姜跟随鲁允前往齐国，她和齐诸儿旧情复燃，导致鲁允暴毙。此后，淫乱这个词一直跟随文姜始终。鲁允去世后，文姜的儿子鲁同年方十二岁，为了稳定鲁同的地位，文姜先后七次和齐诸儿会面，协调鲁齐两国的行动。齐小白即位后，齐国蒸蒸日上，文姜前后两次前往莒国，加强鲁莒两国关系，以牵制齐国。总体来说，文姜使鲁允身陷丑闻直至暴毙，实在算不上是一个合格的妻子；但她一力维护鲁同在国内的地位，保护鲁国在国外的利益，甚至临死前还帮鲁同在各国奔走，的确是一个称职的母亲。

文姜强势干政，与齐国周旋，为鲁国带来了安全和稳定，避免民众生灵涂炭。鲁人依照谥法「慈惠爱民曰文」（《逸周书·谥法解》）为她定谥号为文，后世才会称她为文姜。

陈人杀其公子御寇。

最初，陈国国君陈杵臼从卫国迎娶夫人，鲁国派去送媵妾的大夫在路上开小差，跑去参加齐国、宋国的盟会，导致齐国、宋国、陈国三个国家联合讨伐鲁国。一晃不过三年的时间，陈杵臼因为宠爱新夫人，对前夫人所生的世子陈御寇越看越不顺眼。

本年春天，陈国杀掉了陈御寇。陈杵臼的兄长陈完受到牵连，他和陈国大夫颛孙（音专）一起流亡齐国，颛孙后来又独自流亡鲁国。按照当时的习惯，诸侯国杀大夫，发出的赴告里要指明身份并列出罪状，以彰显杀戮是为了讨伐不义。陈国的赴告称呼陈御寇为「公子」，说明陈国不愿背负杀戮世子的名声，故意在赴告中含糊其辞。

三十五年前，陈国先君陈鲍（十二任）去世，陈鲍的弟弟陈佗杀死陈国世子自立为君。陈鲍的儿子陈跃有蔡国的血脉，蔡人杀掉陈佗，拥立陈跃做了陈国的国君。陈完就是陈跃的儿子。

陈完年幼的时候，有王室的史官带着《周易》拜见陈跃。陈跃请求史官为陈完占筮，得到一卦叫作"遇观之否"。史官说："这就是所谓「观国之光，利用宾于王」（《周易·观卦·六四爻》）。这个小孩会为陈氏掌管国家，但是不在陈国，而在异国；不在他这一代，而在他的子孙后代。陈国衰落的时候，就是他的后代昌盛的时候。"

以我们看到的历史而论，陈国第一次被灭国，陈完的后代在齐国刚刚崛起，陈国第二次被灭国，陈完的后代在齐国得以专政，算是应了"遇观之否"的卦象。

陈完成年以后，陈国大夫懿氏想把女儿许配给他。懿氏的妻子占卜得吉，卜辞一共八句："凤凰于飞，和鸣锵锵。有妫之后，将育于姜。五世其昌，并于正卿。八世之后，莫之与京。"（《左传·庄公二十二年》）

● "凤凰于飞" ●

这段卜辞算是《春秋》的一个经典桥段，我们要在这里详细说明一下。

我们今天习惯将凤凰看成一个词，所谓龙凤呈祥，凤就是凤凰。但在古代，凤是雄鸟，凰是雌鸟，凤凰指的是一对鸟。想当年，西汉大才子司马相如仰慕卓文君，想追求她，就弹了一曲《凤求凰》阐明心意，卓文君听出弦外之音，跟司马相如私奔才有了一段佳话。所以，「凤凰于飞」说的就是一对凤凰比翼双飞的意思。凤凰据说叫声锵锵作响，「和鸣锵锵」是说一对凤凰同声相和。放在懿氏嫁女的事情上，「凤凰于飞，和鸣锵锵」是说懿氏的女儿嫁给陈完，两人夫妻关系和谐，婚姻美满，所以这桩婚姻为吉。

陈完出身陈国，氏陈，姓妫，「有妫之后」指的是陈完和懿氏女儿的后代。姜是齐国的国姓，「将育于姜」是说他们的后代会在齐国繁衍生息。本年，陈完因为陈国内乱的波及，流亡齐国就是应的这一句。

春秋时代有天子、诸侯、大夫、士，大夫又分为卿和大夫。卿又分正卿和卿，所谓正卿也就是执掌国政的卿，也称为执政大夫。陈完的第五代后裔陈无宇做到了齐国的正卿。「五世其昌，并于正卿」就是说陈完到了齐国，五代之后，他的家族昌盛，开始执掌齐国的国政。

京是大的意思，「莫之与京」就是没有人比他更大了。陈完的第八代族人陈恒专权齐国，应了「八世之后，莫之与京」。

可能有朋友会问，这可能吗？陈完贤德，没事儿打老婆的事情恐怕做不出来，占卜的人依此判断他夫妻和谐，并不奇怪。但是，占卜的人又怎么知道他会流亡齐国，五代之后会成为卿大夫，八代之后会专权齐国呢？

231

这段卜辞出自《左传》，它是如何形成的，我们不得而知。古人的铁口直断大致可以从两个角度理解，一是选择性保留，二是补充性增加。

在漫漫的历史长河中，无数人占卜了无数次，得到了无数的结果，只有被后世确认灵验的才会被保留下来。或许，陈完也做了很多的占卜，只有这段卜辞是灵验的，于是被保留了下来。这就是选择性的保留。

也有可能这段卜辞最初只有「凤凰于飞，和鸣锵锵」两句，陈完的确夫妻和谐，于是这句被保留下来。等到陈完流亡齐国，传承这段故事的人发现原来他还有这一段，于是在后面再补两句「有妫之后，将育于姜」。五代之后再补，八代之后再补，就有了今天我们看到的八句卜辞。这就是补充性增加。

当然，这八句卜辞并没有把陈完后人的事情完全说清楚。专权齐国几代后，陈完后人终于找机会把齐小白的后人驱逐出齐国，他们得到王室的册封，继承了齐国诸侯的地位。陈完后人被齐国封在田邑，他们以邑为氏，称田氏，他们执掌的齐国就被称为田齐，他们执掌齐国的过程也被称为田氏代齐。田氏代齐后，又过了几代，齐国通过徐州相王得以称王，算是走到了巅峰。

为什么这段卜辞仅讲述到八代，而没有"十二代侯，十五代王"之类的话呢？恐怕是因为《左传》在陈完的前八代还是口口相传，八代之后就已经成书了。写成了文字，讲《左传》的人篡改的难度就增加了。反过来讲，历史学家通过这段卜辞，就可以确定《左传》成书的大概时间。

从文法上讲，这段卜辞的前两句「凤凰于飞，和鸣锵锵」颇有意境，后面六句就显得有些直白甚至粗俗。其实《左传》记录的卜辞，往往改编自《诗经》或《尚书》，《葛覃》有「黄鸟于飞，集于灌木，其鸣喈喈」（《诗经·周南·葛覃》），是不是感觉很相似呢？当然，这些都是题外话。

陈完素有贤名，他一到齐国，就受到齐国国君齐小白的隆重欢迎。这时候的齐小白正在建立霸业，有贤人来投，可以说是非常好的政治宣传。所以，齐小白一见陈完，就要陈完做齐国的卿大夫。

按照春秋时代的习惯，任用流亡之人要降等对待，即使陈完在陈国是卿大夫，流亡到齐国能做个大夫已经是礼遇了。陈完自然知道分寸，他推辞说："臣客居贵国，有幸获得原谅，又碰到如此宽厚的施政，赦免了臣这个不懂得吸取教训的人，免于暴戾的伤害，让臣能够放下包袱好好生活，这都是您的恩惠。您施予臣的已经太多，臣怎么敢再接受卿大夫这样的高位而招来官员们的议论？臣斗胆冒死相告。《诗经》有云：「翘翘车乘，招我以弓，岂不欲往，畏我友朋」（逸诗，高高大大的车辆开过来，有人拿着弓征招我，我怎么会不想去？是怕朋友们议论我）。"

陈杵臼杀陈御寇明显是要废长立幼，为新夫人所生的子嗣开路。陈完作为陈杵臼的兄长，自然要劝上几句，但是，陈杵臼就是以幼子身份继位的，陈完劝他要长幼有序，陈杵臼不只听不进去，反而猜疑陈完的用心，由此，陈完就不得不离开陈国。所以，陈完说自己不知道吸取教训。陈完引用《诗经》，一方面是彰显齐小白的美意，另一方面是表明自己的忧谗畏讥。

我们无法确切地知道，齐小白是客气还是真想让陈完做卿大夫，但经过陈完一番推托，齐小白不再勉强，他让陈完做齐国的工正。所谓工正，就是管理工匠的官员。

陈完在齐国安顿下来，为了感谢齐小白，他招待齐小白喝酒。两人喝得挺开心，天慢慢黑了，齐小白觉得没喝够，就提议说："点燃火烛，继续畅饮。"

陈完推辞说："邀请您饮宴之前，臣做了占卜。但臣只占卜到白天为吉，没有占卜晚上的吉凶。臣不敢留您继续。"春秋时代，处理重要的事情都会先进行占卜，陈完将白天和晚上分开占卜表现了他的慎重，虽然是托词，但也不算失礼。

于是，齐小白不再坚持，就打道回府了。

君子曰："陈完用酒完成礼仪，而不过量，是义；让国君走完了过场，又不会沉迷于其中，是仁。"

夏，五月。

无事可记，《春秋经》本应该照记「夏四月」，这次却记作「夏五月」，或许是传承过程中出现的错漏。

秋，七月丙申，及齐高傒盟于防。

去年，文姜去世，鲁齐之间的纽带断了。齐国国君齐小白的霸业需要鲁同的支持，鲁同也不愿和蒸蒸日上的齐国冲突，由此，两国基于自身的需要又动了继续联姻的心思。

七月初九，鲁同和齐国大夫高傒在东防举行盟誓。

冬，公如齐纳币。

本年冬天，鲁同前往齐国纳币。

三书六礼中，送聘礼以订婚，被称为纳征或者纳聘。古代聘礼无非是玉、马、皮、圭、璧、帛等，这些东西被称为币，所以，纳征也被称为纳币。

按照春秋时代的习惯，即使亲迎，国君也只是在边境上等待而已，何况是纳币？国君纳币应该由卿大夫代行。鲁同亲自前往齐国纳币，自然不合礼数。更何况，鲁同的母亲文姜春天刚下葬，鲁同在服丧中就着急为自己订婚，更是显得不堪。但从另一个角度来说，正是这些非常的举动让我们看到，鲁同对这次婚姻的重视程度。

番外：何以「仁义」

陈国公子陈完流亡到齐国，齐国国君齐小白接纳了他，还任命他做工正。陈完为了感谢齐小白，就请他喝酒。两人一直喝到晚上，都很开心。齐小白提议挑灯夜战，陈完拒绝了。由此，《春秋》借君子之口称赞陈完说：「酒以成礼，不继以淫，义也；以君成礼，弗纳于淫，仁也。」（《左传·庄公二十二年》，用酒完成礼仪而不过量，是义；让国君走完过场又不会沉迷于其中，是仁）。

按照中国传统的说法，后世发达往往是受到了前代德行的庇佑。陈完的后代建立了战国时代的齐国，甚至封王。反推可知，陈完是一个有德行的人。但至于说，喝了一顿酒就又是被夸成仁，又是被夸成义吗？

在我们的印象里，仁义不是非常高大上的概念吗？古装片儿里的书生一张口，孔曰成仁，孟曰取义，能和孔孟联系在一起的概念，怎么大家喝顿酒就是了呢？

本期番外，我们来讲讲什么是仁，什么是义。

什么是仁？仁者，亲也（《说文解字》）。什么是亲？亲者，至也（《说文解字》）。简单说，关系到了就是亲，对人亲，就是仁。

我们在日常生活中碰见困难，往往会先求助专业人士。门打不开了，求助于锁匠；摊上官司了，求助于律师。专业人士会怎么说呢？干这个要一百元，干那个要五百元，不同难度要给不同的费用，有些嫌麻烦的索性拒绝不做。

如果求助于朋友，朋友可能会说，这种简单的事儿，我帮你搞定行，但那个复杂的，我也不明白，要不你找别人看看怎么弄？

如果求助于亲人，如父母兄弟。他们上来就会说，你最棘手的什么？咱们先把它解决，其他的问题再想办法，别耽误了你的事情。

普通人、朋友、亲人区别就在这儿，为啥亲人叫亲人？就是关系到了。所以，孔子讲：「仁者，先难而后获」（《论语·雍也》）。意思是说，仁者是先面对问题，帮你解决困难，然后再考虑自己的得失。亲人就是这么做的，他们对你就是仁者。

我们把这个概念推而广之。我们历代都讲，执政要实行仁政。什么叫仁政？仁政就是亲政，亲的是谁呢？亲的就是民。说白了就是说，国君先帮助民众解决问题，再考虑自己得失，这就是仁政。如果避重就轻，粉饰太平，在古代就被称为不仁。

什么是义？义者，善也（《说文解字》）。善就是好。义人就是正直的人。正直的人不就是好人吗？

所以，义，也不是一个非常复杂的概念。

说到这儿，我们发现，仁也好，义也好，都是非常简单的概念，正是因为简单，所以经典，所以能深入人心。

再回到陈完，《春秋》夸他「酒以成礼，不继以淫，义也」，就是说他组织酒场得力，齐小白酒不过量，明天早起也不会头疼，这事情做得好。又夸他「以君成礼，弗纳于淫，仁也」，这是说既让齐小白享受了款待，又不让他沉迷酒中变成昏君，这是为他着想，是对他亲。

古代人用仁用义就如同我们今天用真善美一样，只是因为有概念需要用字来形容，并不代表有多高深的含义。只是因为仁义由圣人口中讲出，又落实在经典中，历代反复用不同的方式解释，反而让我们混淆了它们基础的概念。比如，朱熹解释说：「仁者，心之德，爱之理。义者，心之制，事之宜也」（《四书章句集注》）。这话读起来很顺口，但什么意思呢？如果不细细去品每一个字，真的很难理解他在说什么。好复杂的概念，太高大上了，大家都敬而远之，于是，仁义慢慢就被供起来了。

当然，我就这么一说，您就那么一听。

二十三年

鲁侯同二十三年，庚戌，公元前671年，周王姬阆六年，齐侯小白十五年，晋侯诡诸六年，卫侯朔二十九年，蔡侯肸四年，郑伯捷二年，曹伯射姑三十一年，楚王熊頵元年，宋公御说十一年，陈侯杵臼二十二年，秦宣公五年，杞惠公二年，许男新臣二十七年，邾子琐七年。

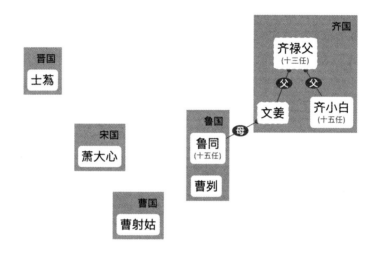

图23 鲁同二十三年人物关系图

二十有三年春，公至自齐。

去年，鲁同积极与齐国联姻，亲自跑去齐国纳币。本年春天，鲁同从齐国回到了鲁国。

祭叔来聘。

本年春天，祭叔到鲁国聘问。

祭国是王室畿内国，祭国国君是王室的大夫，祭叔大概是祭国国君的弟弟，接受国君的命令到鲁国聘问。所谓天子内臣不交通诸侯，「祭叔来聘」并非出自王命，所以，《春秋经》不提祭国国君的命令。祭叔到了鲁国，鲁国依照聘问的礼仪对待他，所以《春秋经》书「聘」。

夏，公如齐观社。

本年夏天，鲁同再次前往齐国，观看社祭。

鲁国大夫曹刿劝谏说："不可以。礼仪，是用来整顿百姓的。有盟会展示上下的法则，制定财物使用的标准；有朝见端正爵位的高低，遵循长幼的次序；有征伐讨伐不敬的国家。诸侯朝见天王，天王巡视四方，都是为了熟悉这些制度。如果不是这些，君王就不应该行动，君王的一举一动都有史官记录，记录下来的行为不合法度，后世子孙还能学习什么？"

● 社祭 ●

春秋时代一年四次例行祭祀：郊祭、雩祭、尝祭、烝祭。

其中郊祭祭天，在周历的春夏之交举行，这是官方性质的祭祀。在民间，与郊祭对应的就是社祭。社是土地神，社祭就是祭祀社，也就是祭地。

社祭是民间的祭祀，举行的时候就好像我们今天的赶庙会。各地的青年，尤其是未婚男女都会参加其中。

周历的春夏之交也就是农历的春天，正是春江水暖，桃花盛开的时候。由此，就衍生出很多我们今天还在用的词汇。只要跟男女之情有关的，往往跟春、桃花有关，如春心萌动、"桃花运"等。甚至还有一种说法，社会这个词就来源于社祭之会，说的是男女在其中相互交际、来往，最终繁衍生息。

齐国有社祭，其他诸侯国也有类似的活动，只是名称不同而已。燕国有"祖之会"，宋国有"桑林之会"，楚国有"云梦之会"，都是类似的。社祭因为参加的人多，国家的力量也慢慢涉入其中，在社祭上检阅军队，展示军力也是常有的项目。

对鲁同来说，齐国国君齐小白的崛起让他倍感压力。尤其是母亲文姜去世后，鲁齐两国之间的纽带断了。鲁同急于和齐国联姻，不希望有任何意外发生，所以面对齐小白的邀请他自然不会拒绝。

对齐小白来说，鲁国是他称霸的基石。齐鲁太近了，如果鲁国不断捣乱，齐国根本寸步难行。所以，齐小白宁可吃亏也要在柯之盟和鲁同和解。但齐小白对鲁同的支持始终抱有疑虑，所以，他又不停地敲打鲁国。文姜去世后，齐国得以再次和鲁同联姻，这让齐小白甘之如饴。但齐小白没有忘记恩威并用，为了向鲁同展示齐国经济的繁荣和军力的强大，于是他邀请鲁同来齐国观社。

可以说，两位国君都是现实考量。

曹刿的思考却完全不同。他的一席话延续了鲁彄、鲁达等人的思想，也就是国君的任何举动只能有两个目的：端正法度、敬奉神灵。古代的法度，国君非民事不出境。而民事只有三件：盟会、朝见、征伐，都是为了端正法度。社祭是民间的集会，鲁同参加也就是凑了个热闹，但却破坏了法度，这是曹刿不能接受的。

说白了，这又是一场道理和现实之争。再往大了说，则是长期利益和短期利益之争。道理是长期利益，现实是短期利益，只是长期利益往往会让位于短期利益。

公至自齐。

本年夏天，鲁同从齐国观社回到了鲁国。

荆人来聘。

本年，楚国国君熊頵即位。他希望改善以往楚国蛮横、暴戾的形象，于是主动向各国示好。夏天，熊頵的使者到鲁国聘问。

公及齐侯遇于谷。

楚国派人到鲁国聘问，引起了齐国国君齐小白的警觉。齐小白一直将楚国看成是齐国潜在的对手，为了设防楚国，还特意将陈国的地位放在卫国之上。如今，楚国向鲁国示好，虽然只是礼节性质的，但在齐国看来，这是楚国在拉拢鲁国，是对齐国拉拢陈国的反制措施。齐小白认为，有必要加强与鲁国的关系，让双方的关系密不可分，把楚国彻底排除在外。

本年夏天，鲁同和齐小白在谷邑举行非正式会面，《春秋经》记作「遇」。两个国君会面太过仓促，礼仪都不具备，就好像在路上碰见一样，这种会面叫作「遇」。从这一个字就可以想见齐小白的急切。

萧叔朝公。

十一年前，宋国南宫万之乱，宋国公子们跑去萧邑。萧邑大夫萧大心组织数代国君的族人平乱，拥立宋御说做了国君。宋御说为酬谢萧大心的功劳，封他为附庸。由此，萧大心也算是一国之君了。

鲁同和齐国国君齐小白在谷邑会面，萧大心恰好在谷邑，就朝见了鲁同。《春秋经》记作「萧叔朝公」。谷邑是齐地，鲁同不在国内，所以不称「来朝」；萧大心没有王室赐命，所以不称爵，称「萧叔」应该是尊称以字。

萧大心有拥立之功，可以说是宋御说心腹嫡系之一。鲁同和齐小白如此仓促的会面，他竟然会出现，表明宋御说对齐小白的态度。我们可以想见，现在的宋国和齐国，简直就像一个国家一样，步调是完全一致的。

（晋杀其大夫。）

七年前，晋国曲沃小宗吞并大宗得以执掌晋国。如今，作为晋国大宗的晋国国君晋诡诸又受到了小宗的威胁。

这件事说起来有些绕口。晋诡诸一脉相对于原来的晋国大宗固然是小宗，但他在曲沃本地却是大宗。那么，曲沃本地的小宗又是谁呢？

曲沃一脉从晋成师开始，晋成师传子曲沃鳝，曲沃鳝传子曲沃称，曲沃称改称晋称，晋称传子晋诡诸，一共四代，这是曲沃本地的大宗。除了曲沃鳝，晋成师自然还有其他的儿子，这些儿子算起来是晋诡诸的叔祖父；除了曲沃称，曲沃鳝也有其他的儿子，这些儿子算起来是晋诡诸的叔叔。晋诡诸叔祖父的后代、叔叔的后代相对于晋诡诸都是小宗。

如今，晋诡诸是晋国大宗，他叔祖父、叔叔的小宗就变成了晋国的小宗。既然晋诡诸一脉可以以小宗的身份替代大宗，晋诡诸叔祖父、叔叔的小宗为什么不能替代晋诡诸成为大宗呢？这个念头一动，这些小宗和晋诡诸的关系就变得非常微妙了。

晋诡诸不断受到叔祖父、叔叔小宗的威逼，非常头疼。这时候，有人主动为晋诡诸出谋划策，这个人叫作士蒍。

士蒍出身士氏，他的家族历史悠久，是尧的后裔。历经舜、禹、夏、商、周，一直到西周第二任天王姬诵的时代，士氏一脉被迁到杜，称杜氏。到了西周第十一任天王姬静的时代，姬静杀掉了杜氏族长杜伯，杜伯的儿子杜隰叔跑到了晋国，做了晋国的士师。士师位在司寇之下，专门掌管禁令、讼狱、刑法，也就是我们现在公检法的官员。杜隰叔的后代，以官为氏，称士氏。士蒍就是杜隰叔的后人。

士蒍说："群公子中以富子最有影响力，如果我们能杀掉富子，再对付其他公子，就易如反掌了。"

晋诡诸说："您且先试试。"

士蒍去跟群公子谈判，言语中不断陷害富子。群公子受到蛊惑，群情激愤，就联合起来杀掉了富子。

到此，群公子事件还没有结束，这件事情直接影响到晋国后来的政策，甚至战国时代的三家分晋都是从这儿起的头，当然，我们要到后面碰到的时候再来讲述。

245

● "内用亲、外用世" ●

有的朋友可能会问，晋称没有其他儿子吗？为什么晋诡诸的兄弟们没有动心思呢？这里就要说一下春秋时代用人的规则，也就是「内用亲、外用世」。

所谓内用亲，就是血缘关系越亲近，就越要优先任用。正常情况下，晋诡诸会优先任用同母兄弟，然后是庶兄弟，然后是叔叔家的兄弟，然后是叔祖父家的兄弟。晋诡诸兄弟重用的多，怨念自然就少；叔叔家的兄弟、叔祖父家的兄弟重用的少，自然怨念就多。

至于外用世，是对血缘关系太过遥远或者根本没有血缘关系的，要优先使用世臣。世臣就是世代服侍的家臣，谁服侍时间长，就优先用谁。

「内用亲、外用世」放在我们今天，大家恐怕都要笑了。内用亲不就是任人唯亲，外用世不就是论资排辈吗？的确如此。但是，制度没有好坏，只有适合与不适合。任人唯亲、论资排辈不适合我们今天的社会，我们认为它们是坏的制度。但是在春秋时代，它们适用于当时的社会，对当时来说是好的制度。我们后面会讲到，晋国改用任人唯贤，却出了不少问题。

秋，丹桓宫楹。

本年秋天，鲁同将父亲鲁允祭庙的柱子漆成了红色。按照当时的习惯，天子、诸侯的柱子用微青黑色，大夫的柱子用青色，士的柱子用黄色，没有人用红色。鲁同把柱子漆成红色，不合礼数。

冬，十有一月，曹伯射姑卒。

十一月，曹国国君曹射姑去世。

十有二月甲寅，公会齐侯盟于扈。

楚国向鲁国示好，促使齐国国君齐小白在谷邑与鲁同会面。谷之会非常仓促，只能算是定了一个合作意向，接着需要举行盟誓将合作定下来。

十二月初五，鲁同和齐小白在扈邑举行盟誓。由此，齐小白通过扈之盟，与鲁国绑在一起，以防止楚国有机可乘。

本年，鲁同和齐小白两次会面，不论是谷邑，还是扈邑都在齐国。由此，我们可以看出，自从齐小白异军突起，鲁同对齐小白依附的心思日渐增强。相对于以前鲁息姑、鲁允时代，可以和齐国分庭抗礼的鲁国已经一去不复返了。

二十四年

鲁侯同二十四年，辛亥，公元前670年，周王姬阆七年，齐侯小白十六年，晋侯诡诸七年，卫侯朔三十年，蔡侯肸五年，郑伯捷三年，曹伯赤元年，楚王熊頵二年，宋公御说十二年，陈侯杵臼二十三年，秦宣公六年，杞惠公三年，许男新臣二十八年，邾子琐八年。

使用微信扫描以上二维码收听本章音频

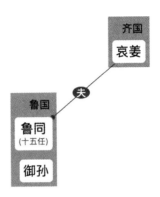

图24　鲁同二十四年人物关系图

二十有四年春，王三月，刻桓宫桷。

周历三月，鲁同派人雕刻父亲鲁允祭庙的方椽。

按照当时的习惯，天子宫庙的方椽，要剥去树皮，再细细研磨；诸侯的方椽，要剥去树皮，但不研磨；大夫的方椽，仅去除木头上的枝杈，不剥皮；士的方椽，枝杈也不需要去除，砍掉大根就可以了。没有人会雕刻方椽，所以鲁同雕刻方椽不合礼数。

鲁国大夫御孙劝谏说："臣听说，节俭是大德，奢侈是大恶。先君有大德，您却为他冠上大恶，恐怕是不可以的吧。"

按照当时的习惯，新夫人入国要在鲁允祭庙中举行婚礼。鲁同去年漆红祭庙的柱子，今年又雕刻方椽，都是为了让婚礼更加喜庆。鲁同的布置无疑增加了建筑的成本，自然耗费更多的民力，知道的人可以理解他的用心，不知道的人会以为是鲁允要求的，那岂不是做儿子的为父亲冠上了罪名？这是御孙劝谏的逻辑。

葬曹庄公。

本年春天，曹国国君曹射姑下葬。曹射姑去年十一月去世，本年三月下葬，所谓「诸侯五月而葬」（《礼记·王制》），算是中规中矩。

《春秋经》记录曹射姑的事迹非常有限，我们只知道曹人为他定谥号为庄，后世则称曹射姑为曹庄公。

夏，公如齐逆女。

本年夏天，鲁同亲自前往齐国迎娶新夫人。按照春秋时代的习惯，国君亲迎不出境，鲁同特意到齐国亲迎，明显不合礼数。但是，鲁同纳币的时候已经去过了，亲迎的时候再去，又有什么奇怪呢？

秋，公至自齐。

本年秋天，鲁同从齐国返回鲁国。

八月丁丑，夫人姜氏入。戊寅，大夫宗妇觌，用币。

八月初二，鲁同夫人姜氏进入鲁国。

八月初三，鲁国同姓大夫的妻子们拜见姜氏。同姓大夫不论远近都是鲁同的亲戚，姜氏来了，自然是亲戚先拜见。鲁同让大夫的妻子们见姜氏，以玉帛作为见面礼，不合礼数。

鲁国大夫御孙评论说："男人的见面礼，大用玉帛，小用禽鸟，以彰显尊卑有别。女人的见面礼不过榛子、栗子、大枣、干肉条这些东西，表示诚敬就可以。如今，男女都送一样的见面礼，就没有区别了。男女有别，是国家最重要的礼节。如今却从夫人这里开始败坏，恐怕不可以吧。"

鲁同为了这位新夫人，亲自纳币，不合礼数；如齐观社，不合礼数；漆红柱子，不合礼数；雕刻方椽，不合礼数；出境亲迎，不合礼数。礼数的败坏早已开始，大夫的妻子们看在眼里，又怎么敢只表示诚敬呢？姜氏虽然集万千宠爱于一身，却被后世称为哀姜。哀者，出也，虽然她刚刚嫁入鲁国，但她的结局一定是悲惨的。

● **"春秋笔法"** ●

在这里，我们要多插一句，说说哀姜进门一路上的称呼变化。最初，鲁同去齐国迎娶哀姜，《春秋经》记作「逆女」，逆就是迎的意思，女指的是未婚女子。也就是说，这个时候的哀姜，虽然所有礼数环节都走过了，但还没有礼成，仍然是未婚的状态。哀姜从齐国出来，走在路上，称呼她为「妇」，妇就是已婚女子。也就是说，这个时候的哀姜虽然还没有进门，但出了娘家门，身份就从未婚变为了已婚。等到哀姜进入鲁国，《春秋经》称她「夫人」。也就是说，哀姜入国都举行了婚礼，名分就定下来了。

一个亲迎的过程，从少女，变成女人，变成夫人，《春秋经》的记录就是这么细密。所谓"春秋笔法"，其实都在这些细节上。当然，这完全是题外话。

大水。

本年秋天，鲁国发生大洪水。

（晋杀其大夫。）

去年，晋国国君晋诡诸授权晋国大夫士蒍处理群公子。士蒍设计陷害群公子中比较难缠的富子，把富子杀掉了。

今年，士蒍又将目标对准了群公子中的游氏一族。士蒍还是老招，教唆一派打一派。群公子在他的蛊惑下，杀掉了游氏的两个儿子。由此，游氏和群公子对立起来。

士蒍看到一切都如他预期，就向晋诡诸表功说："您交给我的事情，已经基本办妥了。估计不出两年，您就不再需要为这个问题伤脑筋了。"

冬，戎侵曹。曹羁出奔陈。赤归于曹。

去年，曹国国君曹射姑去世，曹国世子曹羁做了曹国的国君。曹射姑另一个儿子曹赤有戎人的血统，戎人希望拥立他做国君。

本年冬天，戎人入侵曹国。曹羁控制不住局面，只好流亡陈国。由此，曹赤被拥立为曹国的国君。

郭公。

《春秋经》记「郭公」，应有阙文，不知所云。

番外：何以「礼数」

礼与非礼

《春秋》不只记录史实，还评论史实。

郑国国君郑寤生（三任）和天王姬宜臼（一任）互换人质，《春秋》借君子之口评论说：「信不由中，质无益也」（《左传·隐公三年》，言不由衷，互换人质就没有意义）。这是引用当时人的评论。

郑国大夫颍考叔调和郑寤生与母亲武姜的关系，《春秋》说：「孝子不匮，永锡尔类」。这是借《诗经》评论。

除了评论，《春秋》还有对行为作出价值判断，最常用的评价是「礼也」「非礼」。「礼也」就是合乎礼数，「非礼」就是不合礼数。

王室发生饥荒，鲁国替王室向诸侯购买粮食，《春秋》评价为「礼也」。齐国国君齐禄父为调停宋卫集团和郑国的关系，组织瓦屋之盟，《春秋》评价为「礼也」。郑寤生引导齐禄父朝见天王，《春秋》评价为「礼也」。鲁国夫人仲子还健在，王室却送来仲子的助丧用品，《春秋》评价为「非礼」。宋国贿赂鲁国郜大鼎，鲁国将郜大鼎放置在祖庙中炫耀，《春秋》评价为「非礼」。

「礼也」「非礼」的评价在《春秋》有很多处，大多夹杂在大事小情中，多数跟我们的生活关联不大，读过就读过，很容易忽略。可是，鲁同迎娶哀姜，《春秋》几乎对鲁同的每一个行动进行评价，这就让我们多少有了一些想法。

鲁同亲自前往齐国纳币，非礼。国君结亲由卿大夫纳币，鲁同亲自去，不合礼数。

鲁同将鲁允祭庙的柱子漆成红色，非礼。天子、诸侯的柱子微青黑色，大夫的柱子青色，士的柱子黄色，没有人用红色，鲁同漆成红色，不合礼数。

鲁同雕刻鲁允祭庙的方椽，非礼。天子宫庙的方椽，要剥去树皮，再细细研磨；诸侯的方椽，剥去树皮，但不研磨；大夫的方椽，仅去除木头上的枝杈，不剥皮；士的方椽，不需要去除枝杈，砍掉大根就可以了。没有人雕刻方椽，鲁同雕刻方椽，不合礼数。

鲁同到齐国亲迎哀姜，非礼。诸侯亲迎不出境，在边境线上等着就可以，鲁同跑去齐国亲迎，不合礼数。

鲁同让同姓大夫的妻子们以玉帛作为礼物拜见哀姜，非礼。男人的见面礼，地位高的用玉帛，地位低的用禽鸟。女人的见面礼，不分地位用榛子、栗子、大枣、干肉条就可以，鲁同要用玉帛，不合礼数。

以我们今天的角度看，鲁同将哀姜看作是和齐国改善关系的重要环节。他亲自纳币、亲迎，无非是表示重视；婚礼在鲁允祭庙举行，事先漆红柱子、雕刻方椽，无非是增加喜庆；让同姓大夫的妻子们送玉帛，无非是讨哀姜欢心。这都是些生活中琐碎的细节，实在是算不上多么大不了的事情。可是，《春秋》竟然一条一条列出来，大肆指责「非礼」。这就给了我们一种感觉，似乎在春秋时代，所有人的衣食住行、行为举止都有一套礼在规范。任何人稍微做得有一点儿不对，就会有人跳出来指责「非礼」。即使以我们今天的社会组织能力，我们都没有办法做到对一个人生活的方方面面都作出明确的规定，何况在几千年前的春秋时代。以当时放羊式的管理方式，以当时文化传播的能力，又怎么可能对生活的方方面面作出如此细致的规定呢？

这里，我们要讲的就是，用来规范生活的礼到底是什么？

「礼者，履也。」（《说文解字》）

说到履这个字，我们首先想到的是鞋。古代皇帝往往会给重臣一些特权，以示荣耀。特权中有一条叫作剑履上殿。古人席地而坐，进入大殿要脱鞋，多有不便。宝剑是杀器，不可近至尊。能带着宝剑，穿着鞋进入大殿，在当时是极高的殊荣。履就是鞋，这么一关联，我们上千年的礼教原来是鞋子教，可就有点贻笑大方了。《说文》的解释似乎有点不太通。

《易经》中有一卦叫作履卦，卦辞曰：「履虎尾，不伤人」（《易经·履卦》）。意思是说，站在老虎的屁股后面，老虎就吃不到你。可见，履有跟随的意思。其实，鞋是脚的样子，脚大就穿大鞋，脚小就穿小鞋，鞋总是跟随脚在走，由此才衍生出跟随的意思。

放在我们今天的语境里，仍然如此。我们一般讲履行义务，感觉履行好像有执行的意思，但我们不会说执行义务。我们说执行任务的时候，不会说履行任务。义务和任务的区别，义务是早就确定的，且很多人都一样的。履行义务，是跟随别人执行明定好的事情。

由此再看，礼和履相通，简单说就是习惯、惯例、传统。以前大家都这么干，我跟随你们这样做，这就是礼。

礼是一种习惯，这个含义仍然包括在我们今天的语境中。比如说见人要讲礼貌，什么是礼貌？礼貌就是大家习惯的样貌。东西方习惯不同，在东方很讲礼貌的人跑到西方，可能会被认为不礼貌，这也是不同种族、不同国家间交流经常会出现笑话的原因。

礼是一种习惯，非礼就是不符合习惯。一件事情不符合习惯，未必会有处罚。比如鲁同漆红了柱子、雕刻了方椽，规格甚至超过周天子，也没听说周天子暴跳如雷，要以此为借口讨伐鲁同。即使劝谏鲁同的御孙也只是从节俭的角度评论，不希望鲁同的行为妨碍鲁允的节俭之名。

虽然非礼不会受到处罚，但习惯毕竟是一个族群在长期生活中经验累积的结果，不符合习惯往往会留下后遗症。天子、诸侯、大夫、士的方椽规格不同，说白了就是成本不同。天子有钱，可以对每一根方椽做细加工，士没有钱，就只能凑合用。如果士一定要用细加工的方椽，也没什么不可以，但他会因此背负债务，这就是后遗症。同姓大夫的妻子们本来只需要送些不值钱的干肉条，可她们拗不过鲁同，送了玉帛，这叫哄抬物价。对应的，她们的丈夫就需要送更贵重的礼物。本来同姓的大夫夫妻只需要在自己力所能及的范围内，表示对新人的祝贺，现在却需要破财了。如果由此成为惯例，就会变成他们财务上的负担，这也是非礼的后遗症。

放到我们今天也是同样的。比如结婚迎新娘，钱多的人家是清一色的高档车车队，没钱的人家可能坐着地铁就把新娘接回来了。没钱的人家能不能也搞一个高档车车队呢？当然可以，结果是负债结婚。结婚之后要还钱，压力巨大，当这对小夫妻被巨额债务压得直不起腰的时候，古人在旁边看到了就会说："非礼，得到报应了吧。"

换句俗话来说，「非礼」也就是"不听老人言，吃亏在眼前"。

礼是一种习惯，但在长期的演化过程中，一部分的礼会被规定成条文。比如，后世就有这样的规定，什么样级别的官员能穿什么样的衣服，能挂什么样的匾额，门前的台阶能修几级等。不遵照这些规定，就是僭越，甚至大不敬，要满门抄斩的。这个时候就不会有人说非礼了，这是违法，和违反习惯，完全是两个层次。

制礼

礼是怎么产生的呢？

礼，示字旁。现在的示字，是上二下小，最初的示字却是上一，下面三竖道。一代表的是天，三竖道代表的是日、月、星辰。上面是天，下面是日、月、星辰，示字代表的就是天象，也就是祖宗神灵。汉字中，凡是示字旁，大体都和祭祀有关。《说文》有「礼，所以事神致福也」（《说文解字》，礼是用来敬神致福的仪式），就是说礼最初指的是祭祀的习惯。

上古时代，先民时常需要与神灵沟通，与神灵交易，祭祀是整个人世间最重要的事务。所以，祭祀的习惯也是最早成型、固化、传承，更有专人搜集、讲解、教授。随着世俗力量的崛起，礼从祭祀延伸到人们生活的方方面面，各种习惯都以礼相称，这就是后世所讲的以礼治天下的礼。

祭祀也好，生活也好，习惯总是各种各样，什么时候用什么样的习惯，就需要一个规范和选择的过程，这个过程被称制礼。中国古代最有名的制礼者就是周公。周公这个人，我们提过无数次了，他是鲁国的始祖姬旦。制礼乐本来应该是天子的行为，但姬旦比较特殊，他曾经摄政称王，制礼就发生在这段时期，被称为周公制礼。据说，姬旦将夏代的礼和商代的礼结合，抽取其中最适合周人的部分，形成周礼。后世传下来的"三礼"：《周礼》《仪礼》《礼记》，据说记录的就是姬旦制的礼。

从内容来看，《周礼》讲述的是政治制度与百官职守；《仪礼》讲述的是婚丧嫁娶、朝聘乡射等仪式的细节；《礼记》是礼乐制度以及君子的德行修养和治世理想的杂记。虽然，"三礼"的礼已经从祭祀脱胎到了世俗的方方面面，但是，"三礼"成书至少在战国时代。春秋战国时代礼崩乐坏，是习惯和惯例在不停变化的过程，我们怎么知道"三礼"记录的是姬旦制的礼，还是西周时代的礼，还是春秋时代的礼，还是战国时代的礼？我们怎么知道记录的是王室的礼，还是鲁国的礼，是郑国的礼，还是齐国的礼？我们没办法区分，所以，周公制礼，我们只能说一说，并不能用来帮助我们理解礼制定形成的过程。

在这里，我们另外举几个例子看看礼的形成。

鲁国和邾国在升陉交战，鲁军轻敌招致大败。但鲁国毕竟是大国，邾国虽胜也是惨胜。依礼，要为阵亡的将士制作寿衣，以衣招魂。可是，邾国死的人太多了，衣服赶不及制作，有人提议改用箭招魂。箭对战士的意义不亚于衣服，替代衣服大家觉得合理，由此，以箭招魂成了邾国的礼。升陉之战前，有人以箭招魂，大家会莫名其妙，说他「非礼」；升陉之战后，有人以衣招魂，大家会觉得他是老古板，搞不好也会说他「非礼」。

秦国为郑国和晋国发生嫌隙，郑国信任秦国，让秦人协防城门。秦国因此偷袭郑国，但没有成功。晋国计划袭击回国的秦军，恰逢晋国国君晋重耳去世，新君晋欢正在服丧中。为了方便指挥战斗，晋欢将白色的丧服染成黑色，随即在崤山指挥晋军全歼秦军。由此，晋人服丧改用黑色的丧服。崤之战前，穿白色丧服，「礼也」；崤之战后，穿黑色丧服，才是「礼也」。

升陉之战和崤之战，皆是迫于形势的制礼，还有人为主动的制礼。

秦汉以下，政府的最高官员被称为"三公九卿"，其中尤其以"三公"地位为高。所谓"三公"，指的是管兵的太尉，管行政的宰相，和管监察的御史大夫。早期的中国没有椅子，都是席地而坐。"三公"级别的官员也是坐在那里和皇帝指点江山，讨论政策，所以有「三公坐而论道」的说法。到了宋代，椅子传入中国，皇帝改坐椅子，"三公"也顺势坐椅子论道。

宋代开国皇帝赵匡胤靠兵变篡得皇位，对内他担心有人觊觎皇位，对外又有北方游牧民族的虎视眈眈。赵匡胤一心想加强皇族的权威，就瞄到了三公所坐的椅子。皇帝和三公都坐椅子，显不出地位上的差距，去掉椅子，才能凸显皇帝的权威。可是，能够做到三公级别的人，都是跟赵匡胤一起打天下的老兄弟，赵匡胤也是人，他哪儿好意思下诏书禁止老兄弟坐椅子？这种话说不出口，赵匡胤就另外想了一个计谋。

一天，丞相赵普向赵匡胤汇报工作，赵普按照习惯坐在椅子上说话。赵匡胤装作听不清楚，赵普放大了声音，赵匡胤还是听不清楚。赵匡胤让赵普上前说话，赵普也是老实，没多想就走到赵匡胤跟前，赵匡胤趁机指使侍从把椅子搬走了。等到赵普说完事情，回头一看，我的椅子哪去了？没办法，他只好站着跟赵匡胤继续交谈。

经过这件事情，"三公"级别的官员都意会了，他们知道皇帝不想让他们坐椅子，以后就不再要求坐了。由此，"三公"不坐椅子成了惯例，即使赵匡胤去世，仍然延续下来，就成了礼。

礼的演变

礼是一种习惯，随着时间习惯会有所变化，我们前面讲到的制礼从另一个角度看，其实也是礼的变化。

正因为习惯在不断地变化，因此古代礼的很多内容，对于我们今天和古代习惯不同的人来说，就会觉得很奇怪。比如《礼记》里就记录了，两个人结婚，新人的傧相是不上桌的，等到新人把一桌饭菜吃得差不多了，两个人离开，剩下的饭就赏赐给这些人吃。放在我们今天，伴娘伴郎费了半天劲，最后只能吃剩饭，那还不翻了天？

同样的，历代王朝都将"三礼"作为经典，但是"三礼"中所记录的内容，有多少能被这些王朝继承下来呢？很多都被丢掉。因为时代不同了，外部环境都变化了，很多的习惯不得不被抛弃。

再说鲁同雕刻方椽的问题。天王、诸侯、大夫、士因为收入不同，形成了使用不同方椽的习惯，雕刻方椽本来对鲁同是有财务压力的。但要注意的是，春秋战国时代固然是礼崩乐坏的时代，但在经济上，也是生产技术不停变革，生产力急剧增长的时代。鲁国经过扩张和技术变革，鲁同早已拥有了不逊于天王的财力，不差钱了，为什么不能追求更好品质的生活呢？事实上，鲁同之后，雕刻方椽已经是贵族们的标准配备，变成了新礼，也就不会有人特别斥责「非礼」了。

礼是一种习惯，习惯总是在不断地变化。当一种习惯被人为改变的时候，往往会有人出来反对，反对的人又往往以儒者为主。所以，儒者总会给人一种不知变通，食古不化的感觉。

中国自秦汉以下，施行的都是中央集权的制度。中央集权的特点是，中央的权力一定大于地方，地方的权力一定大于民众。权力大的一方，必然会侵占权力小的一方的权益。所以，中国历代政策上的变革大多数会侵害民众的利益。

汉武帝打匈奴，没钱了就推行盐铁专卖政策。盐铁专卖固然增加了政府的财政收入，却也导致民众流离失所。这是因行政需要而做的改变。张居正搞变法时，明朝已经积重难返，变法通过承认既得利益集团对民众的侵害，以换取利益集团不再继续侵害民众利益。这是将陋习正当化的改变。

这些变革或多或少都有合理的原因，甚至有难处和苦衷，但变革的结果却实质地侵害了民众的利益。这时候，不识变通的儒者出面反对，他们实际上保护了弱势的民众。但他们也是弱势的，又能有什么办法反抗强权的政策呢？他们只能拿出古代的三代三王，近代的祖宗成法，以拒绝变化，仅此而已。

三代是夏代、商代、周代，三王是商汤、周文王、周武王。试想，对秦汉以下的人讲夏、商、周，是何其久远的事情。即使祖宗成法，也至少是王朝开国的事情，几代人之前了。何况，儒者的说理既啰唆又晦涩，还夹杂着大量的古代经典，一般人根本看不懂。即使古代的君王，也不是都精通经典，儒家学者一上来就是万言书，自然不容易讨喜。但这也正是儒家学者在礼的演变中的坚持。

习惯法

礼是一种习惯，以礼治天下，难道就是以习惯治天下吗？这话说出来好像有点儿随便，但我们在习惯后面加一个法字，以习惯法治天下，是不是会显得专业一些呢？

习惯法这个词源自西方，它指的是，当没有条文法可以遵循的时候，大家往往会以长期的习惯作为法规和制度来执行。其实，不只是没有成文法的情况，即使有成文法但是大家都不知道的时候，大家也是以习惯作为法律执行的。

事实上，整个人类的所有文明，总是先有习惯法，后有成文法，习惯法和成文法并用。中国古代讲究以礼治天下，就是因为早期我们没有成文法，后来成文法不够完善，需要用习惯法、用惯例、用传统、用礼来治理天下。

入庙问礼

《论语》里面有一个故事，叫作孔子入庙问礼，讲的是孔子到周公的祭庙助祭，遇到任何事情都要向别人请教。有人笑他说，大家都说你知礼，你却在周公庙每事问。孔子回说："是礼也。"

原文如下：

> 子入太庙，每事问。或曰：「孰谓邹人之子知礼乎？入太庙，每事问。」
> 子闻之，曰：「是礼也。」（《论语·八佾》）

孔子的父亲是邹邑大夫，以「邹人之子」来称呼孔子，这是借父亲地位提高身份的称呼，说明孔子当时年纪轻资历浅，也就是二十出头的样子。正是因为年轻，虽然他有知礼之名，却不足以服众，才会有对他的调笑。孔子回「是礼也」，读起来很酷的样子，但三个字太简略了，到底是什么意思，却出现了非常多的分歧。如果仅按字面翻译，「是礼也」可解释为"这是一种礼啊"或者"这是符合礼数的"，可什么东西是符合礼数的呢？于是，后人有了多种的解释。

今天的我们遇到问题，习惯性地会在网上搜索答案。孔子为什么每事问呢？网上提供的一般解释是，因为孔子谦虚。孔子虽然是礼学专家，但他谦虚，他不耻下问。不耻下问也是一种好习惯，一种礼，所以，孔子说「是礼也」。

这种解释会让人感觉很奇怪。孔子明明知道，却每件事情还要询问别人，难道万一别人说错了，他再去指正别人吗？

另一种解释出自朱熹的《四书章句集注》，是古代世界自宋以后的标准解释。朱熹认为，礼就是敬，「是礼也」就是"是敬也"。周公庙作为鲁国的太庙，凡有祭祀就是大祭，不容有失。孔子虽然是知礼，但为了不发生纰漏，要事事请教确认，这是敬业的行为。做事态度恭敬，处置谨慎，也是礼。

前面所提的两种解释，不管是谦虚，还是恭敬，都是以孔子知道周公庙的礼作为前提。但我们以常识推断，一个人会去请教别人事情，必然是他对这件事情不清楚不明白，或者对自己的掌握的信息有所怀疑。孔子每事问，不应该是因为他不知道周公庙的礼吗？可是，孔子知礼是事实，即使调笑他的人都这么说，这里的矛盾又要怎么解释呢？

这就要用到我们前面讲到的观点，礼是一种习惯。习惯会因为人群和地域的不同而呈现出不同的面貌，所以不同的人群、不同的地域，同样一种礼，它的仪式和规则会有区别。

即使在现在，这种情况也同样广泛存在。以我们熟悉的婚礼为例：在中国，对新人表达心意的方式是随"份子钱";在美国则不同,他们是通过送新人礼物以表达祝福。美国有一种公司专门提供婚礼的"清单服务"。新人准备结婚的时候,会列一个清单交给这家公司,包括婚后生活所需的物品,比如电器、家具、床上用品,等等。发请柬的时候,新人会把这家公司的联系方式直接标在请柬上。亲朋好友会认领清单上的物品,买来送给新人。同样要有表示,如何表示,却是有区别的。如果在中国,一对新人结婚前挨个打电话给亲朋好友,让他们送这个送那个,即使送的东西比"份子钱"还少,也会被人认为贪得无厌。可见,不同人群里,礼的表现形式是有区别的。

在中国,即使大家都知道参加婚礼要随"份子钱",可是,北京的"份子钱"和广州的"份子钱"是一样的吗?山东的"份子钱"和山西的"份子钱"是一样的吗?恐怕未必。那么,我们去参加一个不是那么熟悉的人的婚礼时,要随多少"份子钱"呢?一般人大概都会找一个同去的朋友问一问看看别人随了多少,就跟着随多少。明明知道随"份子钱"这条礼,还是要每事问,是不是和孔子入庙问礼是一样的呢?

孔子熟悉夏,商,周三代礼仪,如果周公庙能将用到的礼列出来,写成一个文档,比如《周公祭庙助祭注意事项》或者《周公祭庙祝祭工作流程》,孔子拿在手里,自然了然于胸。但礼本是习惯,无法完整地写下来,周公庙又是鲁国的太庙,往往会有特殊的环节。所以,孔子要想做好助祭的工作,就不得不每事问。调笑他的人不懂这些,以为凡是礼都一样,孔子回他「是礼也」,就是告诉他,在每个地方有所不同,才是礼的特性。

当然,我就这么一说,您就那么一听。

二十五年

鲁侯同二十五年，壬子，公元前669年，周王姬阆八年，齐侯小白十七年，晋侯诡诸八年，卫侯朔三十一年，蔡侯肸六年，郑伯捷四年，曹伯赤二年，楚王熊頵三年，宋公御说十三年，陈侯杵臼二十四年，秦宣公七年，杞惠公四年，许男新臣二十九年，邾子琐九年。

使用微信扫描以上二维码收听本章音频

图25 鲁同二十五年人物关系图

二十有五年春，陈侯使女叔来聘。

本年春天，陈国国君陈杵臼派大夫女叔①到鲁国聘问。女叔此来是陈国和鲁国第一次建立友好外交关系，《春秋经》特别称字以示嘉许。

《春秋经》记录其他国家大夫聘问鲁国，大概三十次，不记录名字的，只有这么一次。这次以后，也不再有陈国大夫来鲁国聘问的记录。大概两个国家本来就不是特别亲近。之前，陈国杀死自己的世子，有大夫流亡鲁国，所以陈国有心到鲁国看一看，而齐国很可能在中间起了作用。其他时候，陈国与鲁国没有太多的关联，尤其是楚国崛起后，陈国逐步依附于楚国，跟中原国家渐行渐远，也就没有了聘问的必要。当然，这些都是我们的猜测。

夏，五月癸丑，卫侯朔卒。

五月十二，卫国国君卫朔去世。

卫朔在位三十一年，即位之初，就因为父亲卫晋（十三任）积累的怨恨被驱逐。卫人拥立卫国公子卫黔牟为国君，没有人想念卫朔，卫朔只好在齐国流亡八年。十九年前，齐国先君齐诸儿用强力手段把卫朔送回卫国，引发王室的强烈反应。齐国也因此修正了政策，才有齐小白尊王攘夷的主张。卫朔回国后，就销声匿迹了。卫国除了参加几次盟会，这么多年来，没有什么大的举动。可以说，卫朔是一个碌碌无为、战功平平的国君。当然，无为未必就是坏事，国家不向外扩张，民众也相对安定。卫人依照谥法「柔质受课曰惠」（《逸周书·谥法解》）为卫朔定谥号为惠，后世则称卫朔为卫惠公。

以《春秋》而论，惠这个谥号，往往用在碌碌无为的国君身上。正是因为

---

① 女叔，氏女，字叔。

这些国君没什么可评点的地方，大家就说他在位期间国政比较平稳，本人也有爱民的慈心等，来虚应故事。

六月辛未，朔，日有食之，鼓、用牲于社。

六月初一，日食。按照今天的估算，本次日食发生在公元前 669 年 5 月 27 日，是一次日环食。

鲁国为应对日食，在土地庙击鼓，杀牲祭神。按照当时的习惯，应对日食，天子不举，在土地庙击鼓，杀牲祭神；诸侯在朝堂击鼓，向土地庙进献玉帛，不杀牲。天子是天下的领袖，与天相通，他在土地庙击鼓杀牲是借助神灵的力量退群阴。诸侯只是地方的领袖，无法借用神力，所以在朝堂上击鼓以自勉。鲁国的应对明显超出了诸侯的规格，不合礼数。

周历的六月，也就是今天农历的四月，正好是春夏之交。古人认为，这段时间阴气下降，阳气上升，而阴阳变化的过程，最容易发生灾难。本来应该下降的阴气没有下降，本来应该上升的阳气没有上升，就会导致阴气过重，发生如洪水、日食这样的灾难。古人会心怀恐惧地应对这段时间。如果阴气正常下降，阳气变为主导，就是正阳，所以，古人称周历的六月为正阳之月，也简称正月。

这次日食恰逢正阳之月，引发了民众广泛的恐惧，因此，鲁国应对超出规格的行为也就可以理解了。

伯姬归于杞。

本年夏天，伯姬嫁去杞国。伯姬是鲁同的长女。鲁同即位时，不过十二三岁，如今在位二十五年，大概三十七八岁的样子，他的长女也到了适婚的年龄，可以出嫁了。

秋，大水，鼓、用牲于社、于门。

本年秋天，鲁国发生大洪水。为了应对这场灾难，鲁国在土地庙和城门外击鼓、杀牲。按照当时的习惯，凡是天灾，只进献玉帛不杀牲；不是太阳、月亮受到伤害，不击鼓。鲁国这次又杀牲，又击鼓，显然不合礼数。

我们以常理推断，洪水冲垮了河堤，最先受到损失的就是生产资料，比如牛。但是灾后重建首先需要的又是这些牲口，如果为了祭祀神灵把牲口都杀光了，灾后还怎么重新恢复生产？所以，不杀牲是现实需要。可是，今年正阳之月发生了日食，如今又发生大洪水，鲁人感到恐惧，他们认为不杀牲、不加倍敬神，就避免不了灾难，由此才会以超常规格的礼数应对。

冬，公子友如陈。

年初，陈国派女叔到鲁国聘问，得到鲁国的赞赏。本年冬天，鲁国公子鲁友前往陈国回聘。

鲁友是鲁同三个同母弟弟中最小的一个，排行季，也被称为季友。他趁着这次回聘，私下跟陈国的大夫们交好，这在当时是犯忌的行为。所谓「大夫无外交」，春秋时代的大夫接受诸侯的命令，命令是什么就执行什么，多余的行动都不可以，更遑论私下结交别国的人。由此可以看出，鲁友非常有心机，而且敢干。他这一套处事原则，一直由他的后代延续下来。鲁友的后代，也就是后世专权鲁国的"三桓"之一。

（晋杀群公子于聚。）

去年，晋国大夫士蒍教唆群公子杀掉游氏的两个儿子，使群公子中出现了对立。今年，士蒍还是老招数，他又蛊惑群公子游氏正在图谋报复，群公子联合起来，索性把游氏一族全部杀光。

士蔿看到时机成熟，又劝群公子在聚邑建筑一座新城，全部搬到城里住。士蔿的套路一环扣一环，群公子只想到联合起来力量大，但没有想到集合在一起更容易被一网打尽。

本年冬天，晋国国君晋诡诸终于开始行动。他调动大军包围聚邑，把群公子彻底消灭。群公子事件到此得到解决，晋国内乱的根源也通过这次行动彻底清除了。由此，晋国才算真的从曲沃小宗替代大宗，走上了平稳发展的道路。

二十六年

鲁侯同二十六年，癸丑，公元前668年，周王姬阆九年，齐侯小白十八年，晋侯诡诸九年，卫侯赤元年，蔡侯肸七年，郑伯捷五年，曹伯赤三年，楚王熊頵四年，宋公御说十四年，陈侯杵臼二十五年，秦宣公八年，杞惠公五年，许男新臣三十年，郏子琐十年。

图26　鲁同二十六年人物关系图

二十有六年春，公伐戎。

本年春天，鲁同率军讨伐戎人。

夏，公至自伐戎。

本年夏天，鲁同结束对戎人的讨伐回国。

曹杀其大夫。

本年夏天，曹国杀死本国某位大夫。

（晋士蒍城绛。）

十年前，晋国曲沃小宗的曲沃称吞并大宗，执掌晋国，改称晋称。不久，晋称去世，他的儿子晋诡诸受到群公子的威胁。晋诡诸担心群公子在曲沃盘根错节的势力，于是一直停留在曲沃。晋国大夫士蒍受命解决群公子，他花了两年时间不停教唆群公子内讧，又教唆群公子聚集在聚邑。去年冬天，晋国发动大军，包围聚邑，将群公子消灭。由此，晋诡诸正式入主绛都。

本年春天，晋诡诸任命士蒍为大司空，以酬谢士蒍的功劳。大司空有土木工程建设的职责。本年夏天，士蒍为晋国修筑绛都的城墙，加高城墙，挖深沟渠，以提高防御能力。

秋，公会宋人、齐人，伐徐。

本年秋天，鲁同和宋国、齐国联合讨伐徐国。徐国是嬴姓国，东夷的一支，在今天安徽泗县附近。

从这次讨伐，我们可以明显看出，鲁同经过和齐国的联姻、盟誓以及隆重接新夫人回国等一系列举动后，终于进入齐国的核心圈子。以前小范围讨伐，都是齐、宋两个国家，现在，变成了齐、宋、鲁三个国家。

（虢人侵晋。）

去年冬天，晋国在聚邑消灭了群公子，群公子中有漏网之鱼跑到了虢国。虢国长期以来都在支持晋国大宗，对抗曲沃小宗。如今，曲沃小宗变成了晋国的大宗，对虢国来说，自然不是好事情。如今，虢国看到晋国内乱，认为有机可乘，于是立即展开行动。

本年秋天，虢国入侵晋国。

冬，十有二月癸亥朔，日有食之。

十二月初一，日食。按照今天的推算，本次日食发生在公元前668年11月10日，是一次日环食。

（虢人侵晋。）

秋天，虢国认为晋国内乱有机可乘，于是讨伐了晋国，可是没有斩获。虢国不甘心，继续以群公子事件为借口，冬天再次进攻晋国。

我们要说，晋国处理群公子步步为营，是何其谨慎？群公子刚被消灭，晋国马上就开始修筑绛都的城墙，增加防御。晋国如此小心地防范别国乘虚而入，又怎么可能把破绽弱点暴露给别国攻打呢？面对完全戒备的晋国，以虢国的力量，又怎么可能对晋国有大的伤害？但就是这两次近乎无效的进攻，却对晋国和虢国的关系造成了非常恶劣的影响。

虢国虽然长期支持晋国大宗对抗曲沃，毕竟还可以推说是奉王命行事，身不由己，但如今借由流亡的群公子进攻晋国，对晋国的恶意就无法掩饰了。晋国当然不会就此善罢甘休。

晋国国君晋诡诸打算讨伐虢国。晋国大夫士蒍劝阻说："不可以。虢国国君骄纵，我们应该助长他的骄纵。如果每次从我们这里都是获胜而回，他还会再听别人的话吗？如此刚愎自用一意孤行，就会失去他的民众。那个时候，我们要教训他，他就算想要抵御，还有谁会帮助他？礼，乐，慈，爱，是战争获胜必备的条件。民众处事要谦让，谦让才能有礼，有礼才能上下有序。民众要以和睦为乐，相处和睦才不会内讧，才能有劲儿朝一个地方使。民众要对亲人慈爱，慈爱才有守护之心。想要守护，才有力量。民众要对逝去的人哀伤，因为痛心失去，才更要保护。这样，具有礼、乐、慈、爱四个条件的民众才可以作战。虢国国君礼、乐、慈、爱都不具备，却多次发动战争。民众不知道为何而战，就会感到气馁，不知道为何牺牲，士气就会降低。"

晋诡诸认为士蒍说得有道理，就没有对虢国采取任何行动。

二十七年

鲁侯同二十七年，甲寅，公元前667年，周王姬阆十年，齐侯小白十九年，晋侯诡诸十年，卫侯赤二年，蔡侯肸八年，郑伯捷六年，曹伯赤四年，楚王熊頵五年，宋公御说十五年，陈侯杵臼二十六年，秦宣公九年，杞惠公六年，许男新臣三十一年，邾子琐十一年。

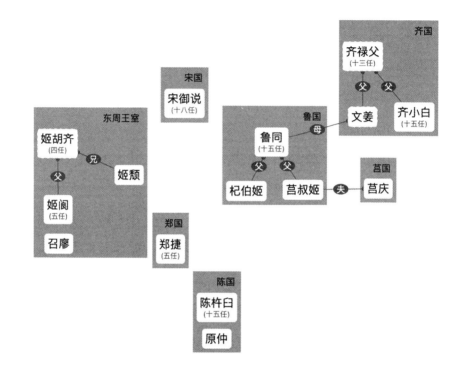

图27 鲁同二十七年人物关系图

二十有七年春，公会杞伯姬于洮。

两年前，鲁同的长女伯姬嫁去杞国，让鲁同甚是想念。本年春天，鲁同约伯姬在洮邑（音淘）会面。《春秋经》称呼伯姬为「杞伯姬」，是因为嫁去杞国的缘故。

春秋时代，女子出嫁，父母尚在，可以回家归宁，向父母请安问好。鲁同想见杞伯姬，捎个信过去，就可以让杞伯姬回家，没有必要特意在第三地见面。毕竟当时交通不发达，车匪路霸又多，国君一出门，容易出现各种危险。随护少不能确保安全，随护多又容易伤害民力。所以，天子不展示道义就不会巡视四方，诸侯不因为民事就不行动，卿大夫没有国君的命令不出境。所谓道义，就是端正法度，彰显尊卑有别，长幼有序。民事则是三件事情，朝见、盟会、征伐。

想当年，文姜嫁到鲁国，文姜的父亲齐禄父也大老远地跑到鲁国和文姜见面，但是，齐禄父同时还见了鲁允，算是民事中的盟会，可以说公私兼备。相对来说，鲁同跟伯姬会面，在当时人看来就是因私废公。

夏，六月，公会齐侯、宋公、陈侯、郑伯同盟于幽。

十一年前，郑国向齐国屈服，齐国组织幽之会，特意提高陈国的地位以拉拢陈国。可是，陈国和郑国还是出现了问题。陈国公子陈完流亡齐国，受到齐国的庇护，由此，陈国和齐国有了嫌隙。郑国则是亲近楚国，让齐国非常不满。齐国对这两个国家施加压力，两个国家不得不向齐国屈服。

六月，鲁同和齐国国君齐小白、宋国国君宋御说、陈国国君陈杵臼、郑国国君郑捷会面，并在幽邑再次举行盟誓。齐小白通过这次盟会，再次统一盟国间的立场和态度。

秋，公子友如陈，葬原仲。

最初，陈国派人到鲁国聘问，鲁国派公子鲁友到陈国回聘。鲁友在陈国结交了陈国大夫原仲。

本年秋天，原仲去世的消息传到鲁国，鲁友前往陈国参加原仲的葬礼。原仲，氏原，字仲。所谓「臣既死，君不忍称其名」（《谷梁传·桓公二年》），陈国称原仲的字，《春秋经》照记。按照春秋时代的习惯，大夫无外交，没有国君的命令不出境。鲁友因私人原因出境，不合礼数。

● 大夫无外交 ●

春秋时代施行的是分封制，有封地才能称大夫，大夫在封地上几乎拥有国君一样的权力。一旦与国君冲突除了带着财物流亡外，大夫还可以占据封邑作乱。当然，大夫封地的实力非常有限，即使作乱，在国君的讨伐下也很容易烟消云散。可是，如果有外国的支持，国君就未必有足够的力量消灭他。所以，大夫有外交，对诸侯国和诸侯国的国君都是非常严重的威胁。

鲁友能结交陈国的大夫，一方面因为他是国君的同母弟弟，是受宠的大夫；另一方面也是因为他意识到鲁国有内乱的征兆，有意结交外人以图自保。

冬，杞伯姬来。

本年冬天，杞伯姬到鲁国归宁。按照当时的习惯，国君夫人无事不出境，父母在，可以回家向父母问好。父母不在，就只能派卿大夫回国问候。杞伯姬的做法合乎礼数。

《春秋经》记作「杞伯姬来」。但凡诸侯之女归宁称为「来」，被休称为「来归」。诸侯夫人归宁称为「如某」，被休称为「归于某」。比如，杞伯姬归宁，就是「杞伯姬来」，被休就是「杞伯姬来归」。哀姜归宁，就是「夫人姜氏如齐」，被休就是「姜氏归于齐」。

莒庆来逆叔姬。

鲁国长期实行的是拉拢齐国周边小国，以牵制齐国的政策，纪国还在的时候，鲁国和纪国友好，纪国灭亡了，鲁国就将目标瞄准了莒国。鲁同的母亲文姜在去世前，两次前往莒国，促成鲁莒的联姻。但是由于当时要出嫁的叔姬年纪还小，所以婚约一直拖到现在才履行。

本年冬天，莒国大夫莒庆到鲁国迎娶叔姬。

杞伯来朝。

本年冬天，杞惠公到鲁国朝见。杞惠公是杞伯姬的丈夫，此次朝见一方面是女婿拜见老丈人；另一方面是领杞伯姬回国。

公会齐侯于城濮。

本年冬天，鲁同和齐国国君齐小白在城濮会面。

鲁国、齐国在夏天刚刚和宋国、陈国、郑国开过大会，到了冬天，又开小会。由此可见，鲁同迎娶哀姜后，鲁齐二国的关系大大拉近了。鲁同当年为了迎娶哀姜破了那么多的条条框框，现在看来还是值得的。

（王使召伯锡齐侯命。）

八年前，卫国支持王子姬颓发动政变，将天王姬阆赶出王室。如果不是虢国、郑国出面，恐怕姬阆到现在还是一个流亡天王。此仇此恨，姬阆铭记在心。可是，齐国称霸，卫国国君卫朔又是齐国先君齐诸儿借助诸侯力量拥立的，王室不希望得罪齐国，只好隐忍不发。

前年，卫朔去世。王室认为有机可乘，于是就跟齐国商量，希望齐国出面讨伐卫国。为表诚意，姬阆派王室大夫召廖给齐国国君齐小白赐命，命齐小白为诸侯之长。

对齐小白来说，现在最关心的是他的霸业，他刚刚让陈国、郑国屈服，在诸侯间展示了实力，如果能有王室的承认，他的霸主地位就会更有权威。齐小白岂会为了一个卫国而放弃诸侯之长的名分，所以，齐国和王室一拍即合，对卫国的战争马上就要开始了。

二十八年

鲁侯同二十八年，乙卯，公元前666年，周王姬阆十一年，齐侯小白二十年，晋侯诡诸十一年，卫侯赤三年，蔡侯肸九年，郑伯捷七年，曹伯赤五年，楚王熊頵六年，宋公御说十六年，陈侯杵臼二十七年，秦宣公十年，杞惠公七年，许男新臣三十二年，邾子琐十二年。

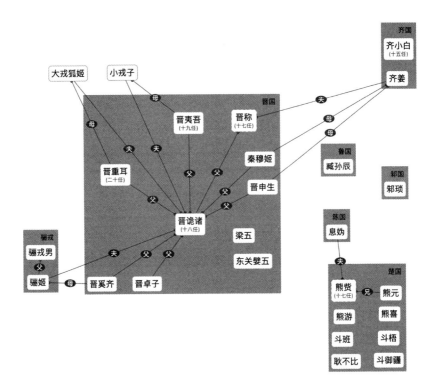

图28　鲁同二十八年人物关系图

二十有八年春，王三月甲寅，齐人伐卫。卫人及齐人战，卫人败绩。

九年前，王室内乱，卫国支持王子姬颓攻打王室，天王姬阆对这件事一直耿耿于怀。三年前，卫国国君卫朔去世，王室随即以赐命齐国作为条件，要求齐国国君齐小白讨伐卫国。

周历三月，齐国讨伐卫国。齐国是什么实力？卫国是什么实力？两军一列队，卫军就大败而归。卫国准备了非常丰厚的财物贿赂齐国，请求齐国撤军。

论述起来，卫国从卫朔开始，就一直是齐国的小跟班，忠心耿耿。对齐国来说，没事敲打敲打小弟，赏两个巴掌，是可以的，但把小弟打得太狠了，就会离心离德。所以，齐小白这次出兵本来就没想把卫国怎么样。可是，王室毕竟是下了本钱的，面子一定要给足。

于是，齐小白以姬阆的名义，列数卫国的一条一条大罪，非常严厉地申斥了卫国。门面功夫做完，齐小白就带着卫国的贿赂撤军了。

夏，四月丁未，邾子琐卒。

四月二十三，邾国国君邾琐去世。

（晋使世子申生居于曲沃。）

最初，晋国国君晋诡诸从贾国迎娶了夫人，但这位正室夫人没有为他生下子嗣。

晋诡诸和父亲晋称的妾侍齐姜私通，生下一女一男，伯姬和申生。伯姬嫁给秦国国君秦任好，秦任好谥穆，伯姬随夫谥被称为秦穆姬或秦穆夫人。

晋诡诸又从戎人处娶了大戎狐姬和小戎子，大戎狐姬为晋诡诸生下重耳，小戎子为晋诡诸生下夷吾。乍一听，大戎狐姬、小戎子好像是姐妹两个人，实际上大戎狐姬姓姬，小戎子姓子，她们分属不同的戎人家族。特别要提的是，大戎狐姬出身狐氏，是狐突的的女儿，狐氏又是晋国始祖姬虞流落到戎人的后裔。当时人认为，同姓婚配后代不会昌盛。重耳父母同姓，终其一生都被人说三道四。

晋诡诸讨伐骊戎，骊戎的首领为取悦晋诡诸，将女儿骊姬进献给他。骊姬为晋诡诸生下了奚齐，骊姬陪嫁的妹妹为晋诡诸生下卓子。

由此，晋诡诸至少有一个女儿秦穆姬，儿子中有名的包括晋申生、晋重耳、晋夷吾、晋奚齐、晋卓子，没名的还有四个，虽然一共有九个儿子，但偏偏没有嫡子。按照当时的习惯，有嫡子立嫡子，没嫡子立长子。晋诡诸没有嫡子，晋申生作为大儿子，很早就被当作世子对待。但是，晋申生的母亲不正，就有人心生了夺嫡的念头。

骊姬最晚入门，也最受宠幸。她想立奚齐、卓子做世子，于是积极结交晋诡诸的宠臣梁五、东关嬖五。由此，宫内宫外结成一体，目标就一个，把晋申生拉下马。

骊姬借梁五、东关嬖五之口劝晋诡诸说："曲沃是宗庙所在，蒲邑和二屈是边防重镇，这些地方不能没有您的血脉镇守。曲沃这样的宗邑没有您的血脉，民众就不会畏惧，他们会放任自我不听指挥。边防重镇没有您的血脉，会引发戎人的觊觎之心。戎人有进攻晋国的野心，民众又缺乏畏惧不听命令，这会造成国家的灾难。如果能让申生镇守曲沃，这是由世子入主宗庙所在，名副其实。如果能让重耳、夷吾镇守蒲邑和二屈，民众由心敬畏，戎人也会因为恐惧而不敢轻举妄动。您对外扩张，由您的儿子们推动，也可以展示您的武功。戎人的土地广阔，晋国又要扩张，最好把公子们都打发出去，分封他们土地，让他们在各地生根发芽。这样不断蚕食戎人的土地，晋国不就更加地强大吗？"

晋诡诸出身曲沃小宗，虽然已经从曲沃迁都到绛都，成为晋国的大宗。但晋诡诸的宗庙还在曲沃，所以曲沃是宗庙所在。"二屈"指的是南屈和北屈，位置邻近，合在一起称屈，分开就是"二屈"。"二屈"和蒲邑都是晋国的边防重镇。

晋诡诸一门心思想的都是扩张，听到梁五、东关嬖五的建议，非常高兴。他让晋申生镇守曲沃，晋重耳镇守蒲邑，晋夷吾镇守"二屈"，其他的儿子们也全部都派了出去。唯一留在绛都的只有奚齐和卓子。

骊姬的计谋非常高明，由儿子镇守要地这种说辞，任谁听起来都合情合理。况且，所有的公子一视同仁，全部发出去镇守，好像也没有偏心谁。这个计谋的关键是公子们的年龄。按照估算，本年晋重耳只有七八岁，晋申生年纪大一些，晋夷吾年纪小一些，其他的公子大概都是这个年龄。古人成熟得早，十几岁就可以做国君，这些公子能跑会跳，给他们配上辅佐的人，他们就可以到外地镇守。唯有奚齐和卓子刚刚出生不久，还在襁褓之中，如何能出外镇守？自然就留在国都内。

骊姬这条计谋要对付的是晋申生。以后世的经验来说，世子一出国都，万一有事，最倒霉的就是他。比如，秦代的太子扶苏，被派到北方镇守边防。秦始皇在巡游中病故，朝中马上发生变故，扶苏却完全不知情。一纸诏书下去，扶苏就只能服毒自尽了。

骊姬把公子们都送了出去，接着就和梁五、东关嬖五每天陷害群公子。他们一会儿说，这个公子又干了什么坏事，很可能要对您不利。一会儿又说那个公子好像对您不满，每天都有怨气……反正公子们都在外面，没办法当面辩解。

晋人不齿梁五、东关嬖五的行为，称他们为"二五耦"。二五是因为两个人的名字里都有五。耦（偶）的本意是两个人一起翻种土地，引申出成双成对的意思。比如，春秋时代举行大型活动，往往会有射礼表演射箭。所谓天子六耦，就是指天子在射礼中要出十二个人，每两个人组成一耦，一共六对的意思。所以，当时人说"二五耦"，往好了说，是指梁五、东关嬖五两个人"秤不离砣、砣不离秤"，往坏了说，就是朋比为奸。

秋，荆伐郑。公会齐人、宋人救郑。

十八年前，息妫从陈国嫁去息国，经过蔡国，被蔡国国君蔡献舞轻薄。息国国君为了报复蔡献舞，借用楚国的力量将蔡献舞扣押。蔡献舞为了报复息国国君，每天向楚国国君熊赀夸耀息妫的美貌。熊赀动了心，他设计灭亡了息国，把息妫带回楚国。息妫为熊赀生下了两个儿子熊艰和熊頵。

八年前，熊赀去世，熊艰即位。熊艰在位三年即被杀，没有谥号，被称为堵敖。敖就是酋长，堵则是熊艰下葬的地方。下葬地加上敖是楚国对不能善终国君的称呼方式。

五年前，熊頵即位，结好中原诸侯，甚至向鲁国发出了使者。虽然如此，熊頵算算年龄不过十四岁上下[①]，因此楚国大权仍然掌握在令尹熊元手中。

熊元是熊赀的弟弟，年富力强又大权在握。他垂涎息妫的美色，就在息妫宫殿的外面修建了一些馆舍，每天在里面操练武舞。春秋时代的舞蹈分文舞和武舞，其中武舞就是舞干戚。简单说就是一群壮男赤着膀子，一手拿盾，一手拿戈，在那里吼吼哈哈地表演。

息妫在宫殿里每天听着外面奇怪的声响，觉得非常地伤心。她哭着说："先王（熊赀）表演武舞，都是为了演习军事。如今令尹表演武舞，却是在对付我这个未亡人，这不是太奇怪了吗？"

息妫的侍女将这话转告了熊元，熊元说："一个妇人还知道要习演军事以备讨伐仇敌，我竟然忘记了。"

本年秋天，熊元动员战车六百乘浩浩荡荡讨伐郑国。

最初，郑国为了牵制齐国，在参与齐国盟会之外，仍然跟楚国交好。去年，齐国国君齐小白组织幽之盟，让郑国背叛了楚国。这也给了熊元讨伐郑国的借口。郑国当然知道，屈服于齐国，楚国会有反应。但是，楚国竟然倾全国之力突然发动灭国之战，还是让郑国措手不及。楚国大军直接攻入郑国的桔柣之门，以熊元、斗御疆、斗梧、耿不比为前军，斗班、公孙熊游、熊喜殿后，由纯门进入郑都，一直杀到了外城的市集边上。

楚军的前方就是郑国的内城门，这座门用的是悬门。悬门是专门设计用来防范突袭的。与一般的两扇门不同，悬门是用一根绳索把城门吊起来，危急时刻，只要砍断绳索，城门就掉下来，隔绝内外。

楚军到达城门时，悬门竟然没有放下来，这让楚军犹疑了。想当年，宋国被郑国攻入外城，宋国认为是奇耻大辱。楚国从来没有奢望可以灭掉郑国，能够攻入郑都的外城已经是预期之外的大功。如果郑国放下悬门，楚军就可以在外城散开，烧杀劫掠后撤退。可是，郑国偏偏不放下悬门，这反倒是让楚军有

---

① 息国灭亡时间不详，但熊赀为息妫讨伐蔡国在十四年前，熊頵作为次子，大不过十五六岁，小可能十二三岁。

些犯嘀咕。如果楚军攻入内城，万一郑国是诱敌深入，楚军必然会遭受损失。如果楚军分散军队在外城劫掠，万一郑国在内城准备了精兵，楚军队列一散，就会被杀得七零八落。

楚军无奈之下，一边用楚语喊杀，一边将军队撤出了郑国的外城。熊元感叹说："郑国有能人。"

这时候，鲁同会和齐人、宋人救援郑国。熊元不愿和联军交战，就趁着晚上偷偷撤退了。

再说郑国，郑国本来就没有想到，这么大一波楚军说来就来，郑国的军队没有集结，也没有戒备。楚军攻入外城时，郑国内城根本没兵可用，即使把悬门放下，内城也守不住。于是，郑国只好硬着头皮赌一把，一方面悬门不发摆出空城计；另一方面准备好了行囊，打算迁都桐丘。

没想到，空城计起了作用，郑国竟然赌赢了。但是，郑人还是觉得非常不安。这次是运气好，万一楚军在外面想明白了，再杀进来一次，军队没有集结的郑国还是挡不住。即使楚军退出了外城，外城也还是守不住。所以，郑人还是抓紧时间，准备往桐丘跑。

这时候，谍报传来："楚国帐幕上有乌鸦。"查看敌方营地里是不是有炊烟，帐幕上是不是有鸟停留，道路上是不是有马匹溅起的尘土，都是古代探子探听消息的手段。帐幕上有乌鸦，意味着没有人了，楚军退了。

由此，郑国才心中大定，取消了迁都的计划。

熊元这么大阵势前来，为什么最后却虎头蛇尾了呢？根本原因是他目的不纯。

熊元最初听到息妫的哭诉，摆出一副幡然醒悟的样子。问题是，他悟到的不是如何有利于国家，而是没有战功怎么有资格追求息妫？他认为，息妫在给他出难题。所以，伐郑之战动机就不纯。

所谓兵凶战危，要确保打胜仗，就必须有足够多的军队。人多，震慑力就强，别人不敢正面冲撞，更容易降低失败的可能性。所以，熊元一开始就倾全国之力出征。六百乘在整个春秋时代都不多见，在春秋早中期更是不可想象的数字。如此大军长途奔袭，对楚国来说却是相当地危险。毕竟，楚国周边的敌人太多了。如果有人趁机攻打楚国，楚国怎么办？大规模的动员本身就注定了熊元的军事行动无法持久。

郑国使用空城计，正常来说，楚军完全可以派遣小股部队试探，即使攻不下来，损失也不大。可是，熊元已经有了攻入外城之功，又何必冒险？万一损兵折将，哪怕是很少的一部分，也会折损之前的功劳。

说白了，熊元的伐郑之战不是为了楚国，而是为了追求息妫，虎头蛇尾是必然的。如果楚国的谏臣鬻拳还在，肯定不会让熊元进入楚都。

● "桔柣之门" ●

在这里，我们要多说几句题外话。

熊元攻打郑国，一共经过了三道门："桔柣之门""纯门""内城门"。郑都有内外两层城墙，里面一层城墙开个门，就是内城门，外面一层城墙开个门，就是外城门，纯门是外城门中的一座。那么，"桔柣之门"又是什么门呢？

一般认为，"桔柣之门"是远郊之门。这让人非常费解：一座城市被城墙包围起来，开门方便人进出，在远郊区，放一座城门，意义何在？这座城门有城墙连接吗？如果有，在远郊设置的这么一大圈城墙，又由谁来防守呢？

这里我们要讲一讲春秋时代的国家概念。

如果大家翻看中国历史地图册，用春秋时代的地图和战国时代的地图做比照，就会发现，春秋时代的地图是以点来标识国家，战国时代的地图则是以色块来标识国家。比如郑国，春秋时代的郑国在地图就是一个点，下面写着一个郑字。可是，战国时代，同样是郑国，郑字外面会有一个区域，用颜色填充。旁边的宋国同样是一个区域，用另外的颜色填充。

简单来说，春秋时代一个国家其实就是一座城市；战国时代的国家，才有包裹在外面的边境线，就像我们今天的国家一样。所以我们说，春秋时代的国和现代的国完全不是一个概念。

国的繁体写法是，外面一个框，里面一个或。或就是域，是区域的意思。也就是说，国是一个框框起来的区域。这个框在春秋时代就是城墙，由城墙框起来的地方，就被称为国。城墙以外五里、十里的郊区，被称为郊、野或者遂。国里住的人，被称为国人；郊野住的人，被称为野人。这就是从西周以下的国野之别。

春秋时代的居民点，不管是大城市、小城市、自然村都被称为邑。为了标识大城市，古人在邑旁边加一个丰字，代表人口众多，经济发达，这就是邦。邦包括了城墙以内的国和城墙以外的野。

可以说，春秋时代的诸侯国从统治阶层的角度，可以称为国；从所属民众的角度，应该称为邦。"桔柣之门"就是邦的边界，位于远郊，所以是远郊之门。

"桔柣之门"应该只是远郊之门中的一座，这些门当然不会用城墙连接。连接远郊之门的是封土，封土就是土堆。在远郊设置若干座门，用土堆把它们连接起来，就好像城墙一样。一般讲封建，就是封土建国，把远郊的区域用土堆封起来，封起来的区域就是我邦，邦内再建设城墙，城墙里面的区域就是我国。封土建国就是先封土，再建国。

对郑国来说，封土之内是郑邦，封土之外是郑国的征伐区。征伐区一般以山河为界，划定一个比较大的区域，在这个区域里，郑国可以征税，讨伐不服从的居民点，还可以分封大夫和公室的子孙，让他们建立自己的城市。这样越分封，郑国的势力延展的范围也就越大。

到了战国时代，随着人口的增加，城市林立，就出现了国境线，也就是我们今天真正意义上的国境线。春秋时代，国是由城墙围起来的区域，到了战国时代就变成了由边境线圈起来的区域。虽然国的范围已经大过了邦，但战国人仍然延续以邦代指国家的习惯。比如，战国时代称相国为相邦，已经出土的兵器上还刻有某某相邦监制的字样。到了汉代，为避讳汉高祖刘邦，汉人就把邦改成了国，这也才有了相国的称谓。

总结来说，"桔柣之门"放在今天应该称呼为国门。大家坐着火车、飞机跨越了边境线，就算走出了国门，放到春秋时代，走出"桔柣之门"就走出了郑国这个国家。

冬，筑郿。

本年冬天，鲁国修筑郿邑的城墙。《春秋经》记作「筑郿」，这是说郿邑不是都邑。按照《春秋经》记录的习惯，但凡修筑城墙，如果修筑的是都邑，就记作「城某某」，如果修筑的是普通的邑，就记作「筑某某」。

● 都邑 ●

春秋时代，大城市、小城市、自然村都被称为邑，邑又分为都邑和普通的邑。都邑是指在城市里设有宗庙，宗庙里供奉有先君的牌位。比如，鲁国的始祖是周公姬旦，所以在曲阜有周公庙，庙里有姬旦的牌位，我们就称曲阜为鲁都，也就是鲁国的都邑。鲁国臧氏的始祖是鲁国先君鲁称的儿子鲁彄，臧氏会祭祀鲁彄和鲁称，因为设有鲁称的牌位，臧氏的封邑也被称为都。当然，曲阜是国君的都邑，被称为大都，臧氏的封邑相应的称为小都。

春秋时代，宗庙所在就是国家中枢所在，所以都就慢慢被用来称呼国家的中枢，就像今天我们所说的帝都、首都、国都，甚至日本的京都，都是从这个概念而来的。

一说春秋之谷雨

290

大无麦、禾，臧孙辰告籴于齐。

鲁国主要的粮食作物麦、黍、稷全部歉收，国内出现饥荒。本年冬天，鲁大夫臧孙辰向齐国购买粮食，这是符合礼数的。

所谓"地无三年荒，地无三年丰"，意思是农业难免会碰到丰年或灾年。国家正常情况下应该有粮食储备以应对灾难。按照当时的习惯，国家没有九年的储备，则称为不足，没有六年的储备，则称为急，没有三年的储备，国将不国。鲁国仅一年歉收就发生了饥荒，还需要向齐国购买粮食，所以有人讽刺臧孙辰执政不够用心，导致国家的储备不足。

二十九年

鲁侯同二十九年，丙辰，公元前665年，周王姬阆十二年，齐侯小白二十一年，晋侯诡诸十二年，卫侯赤四年，蔡侯肸十年，郑伯捷八年，曹伯赤六年，楚王熊额七年，宋公御说十七年，陈侯杵臼二十八年，秦宣公十一年，杞惠公八年，许男新臣三十三年，邾子蓬蒢元年。

图29　鲁同二十九年人物关系图

二十有九年春，新延厩。

本年春天，鲁国对延厩进行翻新改造。延厩，就是叫作延的马厩，是鲁同的马厩之一。《春秋经》记录此事，是认为不合时宜。

按照当时的习惯，每年春分，人们会把马全部赶去放牧，到了秋分，再拉回马厩。周历的春天是农历的冬天，这个时候，马都在马厩中。此时翻新马厩有些太早了，应该过了春分再做。更何况，去年鲁国各种主要粮食都失收，还要去齐国买粮食。今年一开年马上启动这样的工程，自然会被诟病。

夏，郑人侵许。

本年夏天，郑国入侵许国。许国对郑国来说就是一块肉，没事就要咬上两口。

《春秋经》记录为「侵许」，「侵」这个字是春秋笔法。按照《春秋经》记录的习惯，但凡出兵，有钟鼓配合的，称为伐；没有钟鼓的，称为侵；蹑手蹑脚偷偷摸摸攻过去的，称为袭。说白了就是，伐是光明正大地攻击，侵是低调地攻击，袭是不声不响地偷袭。

直至今日，伐、侵、袭仍然大体延续了这样的含义。比如，我们说偷袭，不会说偷伐，也不会说偷侵，因为袭本身就有偷偷摸摸的意思。

秋，有蜚。

本年秋天，鲁国蝗虫成灾。

冬，十有二月，纪叔姬卒。

十二月，纪叔姬去世。

城诸及防。

本年冬天，鲁国修筑诸邑、防邑的城墙。《春秋经》记录这件事情，是因为这次修筑的时间符合时宜。

按照当时的习惯，但凡土木工程，都是在每年周历的十一月，各种农事结束以后，开始做准备，如丈量土地、准备材料等。周历十二月初，把准备好的东西运到场地，立起木板，正式施工；到冬至，整个工程结束。

把几个时间点换算成农历，也就是说，所有土木工程都在九月到十一月间，这个时候，农事已经结束，天又不是特别冷。

（樊皮叛王。）

王室的樊氏是历史悠久的名门，他的始祖是先王姬静（十一任，西周）的卿士仲山甫。仲山甫被封在樊邑，也被称为樊穆仲。和王室有纠葛的人，与王室的恩怨也非常深。想当年，先王姬林（二任）和郑国先君郑寤生（三任）交换土地，姬林用不属于自己的十二块地，换了郑国的四块地。樊氏的土地就在姬林交换的十二块地中。樊氏被王室出卖过，因此一点儿火星就会激发出新仇旧恨。

本年冬天，樊氏族长樊皮背叛王室。

三十年

鲁侯同三十年，丁巳，公元前664年，周王姬阆十三年，齐侯小白二十二年，晋侯诡诸十三年，卫侯赤五年，蔡侯肸十一年，郑伯捷九年，曹伯赤七年，楚王熊颎八年，宋公御说十八年，陈侯杵臼二十九年，秦宣公十二年，杞惠公九年，许男新臣三十四年，邾子蘧蒢二年。

齐国

齐禄父
(十三任)

虢国

虢公

父　父

东周王室

樊皮

鲁国

鲁同
(十五任)

文姜

齐小白
(十五任)

母

纪叔姬

楚国

熊元

斗谷於菟　斗班

图30　鲁同三十年人物关系图

三十年春，王正月。

无事可记，《春秋经》照记「春王正月」。

夏，次于成。

纪国，姜姓，最初是商王朝的诸侯，在今山东中部地区颇有影响。郜国，任姓，是纪国的附庸。周王朝建立以后，纪国归顺了王室，王室将姜尚分封在营丘，是为齐国。齐国在纪国以西，郜国东北，很快就成了纪国的强劲对手。

二十七年前，齐国灭亡纪国，纪国国君的弟弟纪季带领鄌邑投靠齐国，成为齐国的附庸，为纪国保留了宗庙所在。除了鄌邑，郜国也没有并入齐国的版图。

纪国毕竟是侯爵国，齐国消化纪国花了很多的时间。郜国在鲁国以北，临近鲁国的成邑。齐国跟鲁国的关系一直阴晴不定，灭了郜国不会得到太多的好处，却可能激化齐鲁的矛盾；保留郜国又不会有什么危险。由此，郜国被放任到现在。

去年，纪叔姬去世，鲁国和纪国完全切断了联系。郜国不管存亡与否，都跟鲁国完全没了关系，由此，齐国开始计划进攻郜国。

郜国毕竟是纪的附庸，鲁国认为在道义上应该有所行动。本年夏天，鲁同率兵出征，驻扎在成邑。鲁国既缺乏救援的立场，又没有救援的实力，这次大军出动注定只是做做姿态而已。

（四月丙辰，虢公入樊，执樊皮，归于京师。）

去年，樊氏背叛王室，天王姬阆立即有所反应。本年春天，姬阆命令虢国讨伐樊皮。

姬阆从即位之初就和虢国国君交好。虢国国君在王室挂着右卿士的头衔，现在王室有事，他自然首当其冲。另外，虢国国君两次讨伐晋国，晋国连句狠话都没敢说，这让他自大到不可一世。搞不好，姬阆还没开口，虢国国君就自动请缨了。更何况，虢国是大国，樊氏只是王室的畿内国，实力不成正比，手到擒来的功劳何乐而不为呢？

四月十四，虢国国君率领军队，攻入樊国，将樊皮俘获，送入京师。

秋，七月，齐人降鄣。

本年夏天，齐国攻打纪国残留的附庸鄣国，鲁国的援军在成邑裹足不前。七月，鄣国无法支持，向齐国投降。至此，纪国在灭国二十七年后，尘埃落定，被齐国完全吞并。

八月癸亥，葬纪叔姬。

八月二十三，纪叔姬下葬。纪叔姬去年十二月去世，本年八月下葬，可谓缓葬。

想当年，伯姬、叔姬两姐妹先后嫁给纪国。这个时候的纪国已经面临齐国的威胁，纪国国君不断应对，想了无数的办法，也无法阻止纪国的灭亡。纪国灭亡的前夜，伯姬去世，就留下了叔姬。

纪叔姬虽然仍是纪国的夫人，但是，纪国国君自从流亡之后，去向不明，也不知道两个人有没有重新见过面。纪叔姬时而跑到小叔纪季那边住一段时间，时而回到鲁国住一段时间。就这样，从出嫁到去世，前后经过了五十一年的时间。

纪叔姬前半生在纪国，在姐姐伯姬的庇护下，虽然不能说无忧无虑，至少也还算过着安逸的生活；后半生流离失所，一直到这天，这位亡国之妇二十多年飘零无依以后终归于尘土。

春秋时代的国君夫人，也被称为小君，葬仪规格和国君近似，多数都有自己的谥号，少数则从夫谥。纪叔姬的夫君下落不明，无法从夫谥，纪国灭亡，也没人能给她定谥，《春秋经》只好以她在世时的称呼称她为「纪叔姬」。

● "书卒"和"书葬" ●

这里要多提一句的是，《春秋经》记录鲁国嫁到其他国家的女子，大多数是「只书卒，不书葬」（只记录去世，不记录下葬）。

女子出嫁做了别国的夫人，去世时，别国以夫人礼处理葬仪，会发赴告给鲁国。鲁国收到赴告，《春秋经》就会照记。去世的时间是固定的，但下葬就复杂很多。就算定下明确的下葬时间，也可能因为各种特殊状况改期，加上当时交通不便，一旦发生变故，无法及时更新信息。所以，鲁国必须派人参与葬礼，《春秋经》才会根据参与者的说明记录。出嫁的女子虽然大都出身鲁国公族，但她们毕竟是别国的夫人，鲁国没有参与葬礼的义务，也不可能在本国另搞仪式，所以《春秋经》「不书葬」。

虽然如此，但在《春秋经》记录的两百多年间，仍然有三个特例。嫁去纪国的伯姬、叔姬姐妹就是其中的两例。

纪伯姬去世的时候，纪国还没有灭亡，到她下葬，纪国已经灭国了。纪伯姬的葬礼是由齐国先君齐诸儿（十四任）主持的。齐诸儿为纪伯姬下葬是出于现实的政治考量，他很可能邀请鲁国参加，鲁人也因为怜悯纪伯姬真的派了人，所以纪伯姬的下葬是有记录的。

纪叔姬同样也是在纪国灭亡后下葬，区别是她晚了二十七八年。纪叔姬在纪国灭亡后，有时候会回到鲁国居住，最终是在鲁国去世。她的葬礼由鲁同为她主持，所以《春秋经》记录了她的下葬。

还有一位特例是宋共姬，宋共姬现在还没有出场，她也是极其特殊的情况，记卒也记葬，以后我们会详细地讲到。

九月庚午朔，日有食之，鼓、用牲于社。

九月初一，日食。按照今天的推算，本次日食发生在公元前 664 年 8 月 28 日，是一次日全食。

鲁国为了应对这次日食，在土地庙前击鼓杀牲，不合礼数。按照当时的习惯，应对日食，天子在土地庙前击鼓杀牲，诸侯在朝堂上击鼓，向土地庙进献玉帛，不杀牲。鲁国的这一套措施，是为了应对六月初一正阳之月用的，普通时候的日食没有这么严重。

可是这次，鲁国用上了最高级别的应对措施。这就是我们常说的，规矩一旦破了，大家就不在意这个规矩了。

（楚杀其公子元。）

前年，楚国公子熊元倾全国之力讨伐郑国，险些将郑国亡国。熊元伐郑归来，自以为功高盖世，直接搬入楚国王宫，正式追求楚国夫人息妫。

楚国大夫斗班看不过去，就劝谏熊元。熊元不听，还让人把斗班抓起来，上了手铐。

这个时候，楚国最有实力的家族无疑就是斗氏，斗氏族人如斗伯比、斗廉，个个深受宠信、影响巨大。斗班平白无故被抓，还上了手铐，这无疑是打了斗氏的脸。更何况，斗班是楚国申县的县尹。春秋时代，楚国历次向中原用兵，大多调用申县、息县的兵力。熊元吹嘘讨伐郑国的功劳，一般人或许会敬畏他，但对斗班来说，他认为熊元打郑国，靠的还不是申县的兵力？还不是靠我斗班吗？因此，斗班对熊元非常不满。

本年秋天，斗班调动人马，杀掉了熊元。

国君年幼，执掌政务的令尹又被杀，这下楚国可乱了。斗氏接管了朝政，斗伯比的儿子斗谷於菟（音乌图）接替熊元做了令尹。斗谷於菟散尽家财，收买人心，安定楚国的局面，由此，楚国才避免了内乱的发生。

想当年，斗伯比居住在鄾国，他和鄾国国君的女儿私通，生下了斗谷於菟。鄾国夫人认为这是家丑，就将斗谷於菟抛弃在野外。正巧，鄾国国君在外打猎，看到了斗谷於菟，一只老虎正在给他喂奶。鄾国国君回去告诉了他的夫人，夫人说："这就是你的外孙。"

鄾国国君觉得很神奇，赶紧派人把斗谷於菟捡回来。楚人将乳读作谷，虎读作於菟，起名叫斗谷於菟，就是斗乳虎的意思。

冬，公及齐侯遇于鲁济。

山戎袭扰燕国，燕国向齐国求援。本年冬天，鲁同和齐国国君齐小白在济水鲁国这边进行紧急会面，讨论攻打山戎的问题。《春秋经》记作「遇于鲁济」，可见会面之仓促。虽然这次会面是齐小白主动要求的，但他并没有要求鲁同出兵，而是让鲁同安定后方，以防备不测，让齐小白没有后顾之忧。

齐国要救援的燕国不是我们之前多次提到的南燕国，而是北燕国，也就是后世战国七雄之一的燕国。

燕国，姬姓，跟王室、鲁国同姓。燕国的始祖是西周第一任天王姬发的弟弟姬奭（音是）。姬奭被封为召公，也被称为召公奭。值得注意的是，召公奭在古代世界是响当当的了不起的人物，和鲁国的始祖周公姬旦并列。虽然如此，因为燕国地处偏僻，《春秋》记录燕国的事迹非常有限。

燕国定都在今天的北京。如果我们打开地图搜索，就会发现，北京房山区有西周燕都遗址博物馆，这就是春秋时代的燕国所在。到了战国，燕国向西南迁，迁到今天河北易县。所以，易县有燕下都遗址、燕下都古城，这就是战国时代的燕国。

齐人伐山戎。

春秋时代，山戎的主要活动区域在北方，所以也被称为北戎。早在齐国先君齐禄父的时代，山戎就曾经绕过燕国，进攻齐国，把齐国打得非常狼狈。齐禄父广撒英雄帖，请求诸侯救援。郑国公子郑忽率领大军，最终击败了山戎。鲁国先君鲁允就是在这次对抗中，因为物资分配的事情跟郑忽有所摩擦。

此后，齐国无时无刻不想教训一下山戎。但是，山戎离齐国太远了，齐国长途奔袭，物资、兵员的补给都是非常大的问题。一路经过的国家也可能因为对齐国出兵有疑惑，而拖齐国的后腿。更重要的是，攻打山戎对齐国什么好处都没有，劳师远征，攻下的土地却根本得不到，所以，这件事情就一直拖了四十二年。

到了本年，形势发生了巨大的变化。燕国请求齐国出兵，也就意味着后勤补给由燕国负责，途经国家也不会有人怀疑齐国的战略意图。虽然打下来的土地不归齐国所有，但是燕国必然会对齐国的出兵有所表示，所以也不是白打。最重要的是，齐小白的霸业蒸蒸日上，可是中原没有什么战事，国家之间也没有什么大的纠纷。没有纠纷需要解决，就显不出霸主的意义。这个时候，齐小白急需一个敌人，用来团结大家，让大家意识到站在齐国的队伍里，并不是没有用，任何国家出现问题，齐国都可以帮忙解决。山戎就是一个非常好的敌人。

本年冬天，齐小白经过长途奔袭，将山戎击溃，齐军一直挺进到孤竹国。孤竹国在今天河北卢龙和辽宁喀左一带，也就是说，齐小白从今天的山东一直打到了辽宁，这在古代，应该说是一次非常了不起的远征。

据说，齐小白得胜回国，燕国国君送他出境，一直送到齐国国境内。齐小白说："诸侯送天子才可以送到王畿内，诸侯相送不出国境。虽然您送我进入国境，是为了表示感谢，但作为齐国的国君，我不能心安理得接受超过礼制的感谢，齐国更不能失礼于燕国。"于是，齐小白大手一挥，将所有燕国国君走过的齐国领土，统统划给了燕国。齐小白又勉励燕国国君说："您要勤修召公（姬奭）的政令，多向王室进贡，就如同成王（姬诵，西周二任）、康王（姬钊，西周三任）的时代一样。"诸侯听说这件事情，纷纷来齐国朝见。

齐小白这一举动可谓霸气十足，但这件事情大概不是真的。

春秋时代的国家指的是城墙里面这一圈，加上城墙外面五里、十里的郊区。燕国国君将齐小白送入齐国，也就是送到齐国国都城外五里、十里，怎么可能？即使齐小白把齐都城外五里、十里的土地割给燕国国君，燕国又怎么可能拥有？齐都以外是齐国的征伐区域，征伐区域往往以山河为界，没有明确的边境线，自然也没办法精确地分割土地给燕国国君。所以，割让土地的事情只能发生在春秋晚期或战国时代。春秋晚期以下，国家间的边境线已经非常明确，齐国将边境线向后退五里、十里才有可能。

由此可知，这个故事大概是战国时代的游士根据自己的想象编造出来的，用以烘托齐小白的霸主地位。

附录

人物别名表

本书依《春秋经》以"氏 + 名"来称呼春秋人物，在"三传"中则有称名、称字、称官、称爵、称谥等方式，下面列出本书所有出场人物其他称呼对照，供参考。

A

哀姜: 夫人姜氏

B

鲍叔牙: 鲍叔

C

蔡封人: 蔡侯、蔡侯封人、蔡桓侯

蔡献舞: 蔡哀侯、蔡侯献舞、蔡季

曹赤: 赤

曹射姑: 曹伯射姑、曹庄公

陈杵臼: 陈侯

陈林: 陈侯、陈侯林、陈庄公

陈佗: 五父

陈完: 陈公子完、敬仲

陈御寇: 大子御寇

陈跃: 陈侯跃、陈厉公

D

斗班: 斗射师

G

耿不比: 耿之不比

管夷吾: 管仲

H

华督: 大宰督

惠后: 陈妫

J

姬宫涅: 幽王

姬克: 王子克、子仪

姬阆: 惠王

姬林: 桓王、天王

姬颓: 王子颓、子颓

姬佗: 庄王

姬宜臼: 平王

纪国国君: 纪侯

祭足: 祭仲

晋称: 晋武公

晋诡诸: 晋侯

晋奚齐: 奚齐

晋卓子: 卓子

莒国国君: 莒子

莒叔姬: 叔姬

L

鲁达: 臧孙达

鲁结: 公子结

鲁溺: 溺

鲁庆父: 公子庆父、仲庆父

鲁同: 鲁庄公

鲁偃: 公子偃

鲁友: 公子友

鲁允: 桓公

N

南宫万: 南宫长万、宋万

女叔: 陈女叔

Q

齐纠: 公子纠、子纠

齐禄父: 齐侯、齐侯禄父、齐僖公、僖公

齐年: 夷仲年

齐彭生: 公子彭生、彭生

齐无知: 公孙无知

齐小白: 公子小白、桓公、齐侯

齐诸儿: 齐侯、齐襄公、襄公

杞伯姬: 伯姬

杞国国君: 杞侯

曲沃称: 曲沃伯

S

宋冯: 宋公、宋公冯、宋庄公

宋捷: 捷、闵公、宋公

宋游: 子游

宋御说: 公子御说、桓公、宋公

T

谭国国君: 谭子

W

王人子突: 子突

卫急: 急子

卫晋: 卫侯晋、卫宣公

卫黔牟: 公子黔牟

卫寿: 寿、寿子

卫朔: 公子朔、惠公、朔、卫侯、卫侯朔

卫泄: 左公子泄

卫职: 右公子职

文姜: 夫人、夫人姜氏、姜氏、小君文姜

 X

息妫: 文夫人

息国国君: 息侯

萧大心: 萧叔、萧叔大心

熊彻: 楚武王、楚子

熊艰: 堵敖

熊喜: 王孙喜

熊游: 王孙游

熊元: 子元

熊頵: 成王

熊赀: 楚文王、楚子

许新臣: 许男、许叔

 Y

原庄公: 原伯

 Z

臧孙辰: 臧文仲

召廖: 召伯廖

郑阏: 公子阏

郑忽: 昭公、郑伯、郑世子忽

郑捷: 郑伯

郑亹: 公子亹、子亹

郑突: 厉公、郑伯、郑伯突、郑厉公

郑仪: 郑伯、郑子仪、子仪

郑语: 语、郑子人

周黑肩: 周公、周公黑肩

周忌父: 周公忌父

郜克: 郜娄仪父、郜仪父、郜子克

郜琐: 郜娄子琐、郜子琐

参考 / 文献

《一说春秋》目前参考的书目，总体来说，读《春秋》首推的还是杨伯峻先生的《春秋左传注》。

春秋类

杨伯峻编著：《春秋左传注（修订版）》，中华书局2009版。

（晋）杜预注：《春秋左传正义》，（唐）孔颖达疏，国学导航（http://www.guoxue123.com/jinbu/ssj/zz/index.htm）。

刘尚慈译注：《春秋公羊传译注》，中华书局2010年版。

承载撰：《春秋谷梁传译注》，上海古籍出版社2004年版。

徐元诰撰：《国语集解（修订本）》，王树民、沈长云点校，中华书局2002年版。

董常保：《〈春秋〉〈左传〉谥号研究》，四川大学出版社2013年版。

陈盘撰：《春秋大事表列国爵姓及存灭表撰异》，上海古籍出版社2009年版。

史籍

范祥雍订补：《古本竹书纪年辑校订补》，上海古籍出版社2011年版。

（汉）司马迁撰：《史记》，（宋）裴骃集解、（唐）司马贞索隐、（唐）张守节正义，中华书局2005年版。

（晋）陈寿撰：《三国志》，（宋）裴松之注、金名周成点校，浙江古籍出版社2000版。

（汉）宋衷注：《世本八种》，（清）秦嘉谟等辑，中华书局 2008 年版。

杨宽：《西周史》，上海人民出版社 2016 年版。

童书业：《春秋史（校订本）》，童教英校订，中华书局 2006 年版。

杨宽：《战国史》，上海人民出版社 2016 年版。

孙飞燕：《清华简〈系年〉初探》，中西书局 2015 年版。

[日] 宫本一夫：《从神话到历史：神话时代、夏王朝》，吴菲译，广西师范大学出版社 2014 年版。

[日] 平势隆郎：《从城市国家到中华：殷周 春秋战国》，周洁译，广西师范大学出版社 2014 年版。

[日] 鹤间和幸：《始皇帝的遗产：秦汉帝国》，马彪译，广西师范大学出版社 2014 年版。

[日] 金文京：《三国志的世界：后汉 三国时代》，何晓毅、梁蕾译，广西师范大学出版社 2014 年版。

[英] 丘吉尔：《英语民族史》，薛力敏、林林译，南方出版社 2004 年版。

[英] 西蒙·蒙蒂菲奥里：《耶路撒冷三千年》，张倩红、马丹静译，民主与建设出版社 2014 年版。

经书诸子

（清）方玉润撰：《诗经原始》，李先耕点校，中华书局 1986 年版。

（清）孙星衍：《尚书今古文注疏》，陈抗、盛冬铃点校，中华书局 1986 年版。

（宋）朱熹：《周易本义》，柯誉整理，中央编译出版社 2010 年版。

金景芳，吕绍刚：《周易全解（修订版）》，上海古籍出版社 2005 年版。

（宋）邵康节撰：《梅花易数》，周浩良整理，九州出版社 2011 年版。

（宋）朱熹撰：《四书章句集注》，中华书局 2012 年版。

钱穆：《论语新解》，九州出版社 2011 年版。

程树德撰：《论语集释》，程俊英、蒋见元点校，中华书局 2013 年版。

（春秋）孔丘：《白话四书五经》，杨伯峻等译，新世界出版社 2008 年版。

（清）王先谦撰，《荀子集解》，沈啸寰、王星贤点校，中华书局 1988 年版。

（战国）韩非：《韩非子新校注》，陈奇猷校注，上海古籍出版社 2000 年版。

许维遹撰：《吕氏春秋集释》，中华书局 2009 年版。

张镇泽撰：《孙膑兵法校理》，中华书局 2014 年版。

史论

钱穆：《先秦诸子系年（新校本）》，九州出版社 2011 年版。

张培瑜：《先秦秦汉历法和殷周年代》，科学出版社 2015 年版。

黄奇逸：《历史的荒原：古文化的哲学结构（增订本）》，巴蜀书社 2008 年版。

钱穆：《中国历代政治得失（新校本）》，生活·读书·新知三联书店 2001 年版。

金毓黻：《中国史学史》，商务印书馆 1999 年版。

卜宪群：《秦汉官僚制度》，社会科学文献出版社 2002 年版。

钱穆：《宋明理学概述》，九州出版社 2010 年版。

钱穆：《阳明学述要》，九州出版社 2010 年版。

杨向奎：《大一统与儒教思想》，北京出版社 2011 年版。

许宏：《大都无城：中国古都的动态解读》，生活·读书·新知三联书店 2016 年版。

李祚唐：《论中国古代的服丧期限——三年之丧期限的演变》，《学术月刊》 1994 年 12 期。

杂书类

（明）许仲琳：《封神演义》，吉林文史出版社 2000 年版。

（明）冯梦龙、蔡元放编：《东周列国志》，黄钧校注，人民文学出版社 1955 年版。

吴思：《潜规则：中国历史中的真实游戏（修订版）》，复旦大学出版社 2009 年版。

工具类网站

维基百科（https://www.wikipedia.org/）

百度百科（https://baike.baidu.com/）

词典网（http://www.cidianwang.com/）

劝学网（http://www.quanxue.cn/）